A ANTIGA IGREJA MATRIZ DE NOSSA SENHORA D'AJUDA

APOIO:

COLÉGIO APOLLO
⊗⊙ OBJETIVO

Soluções

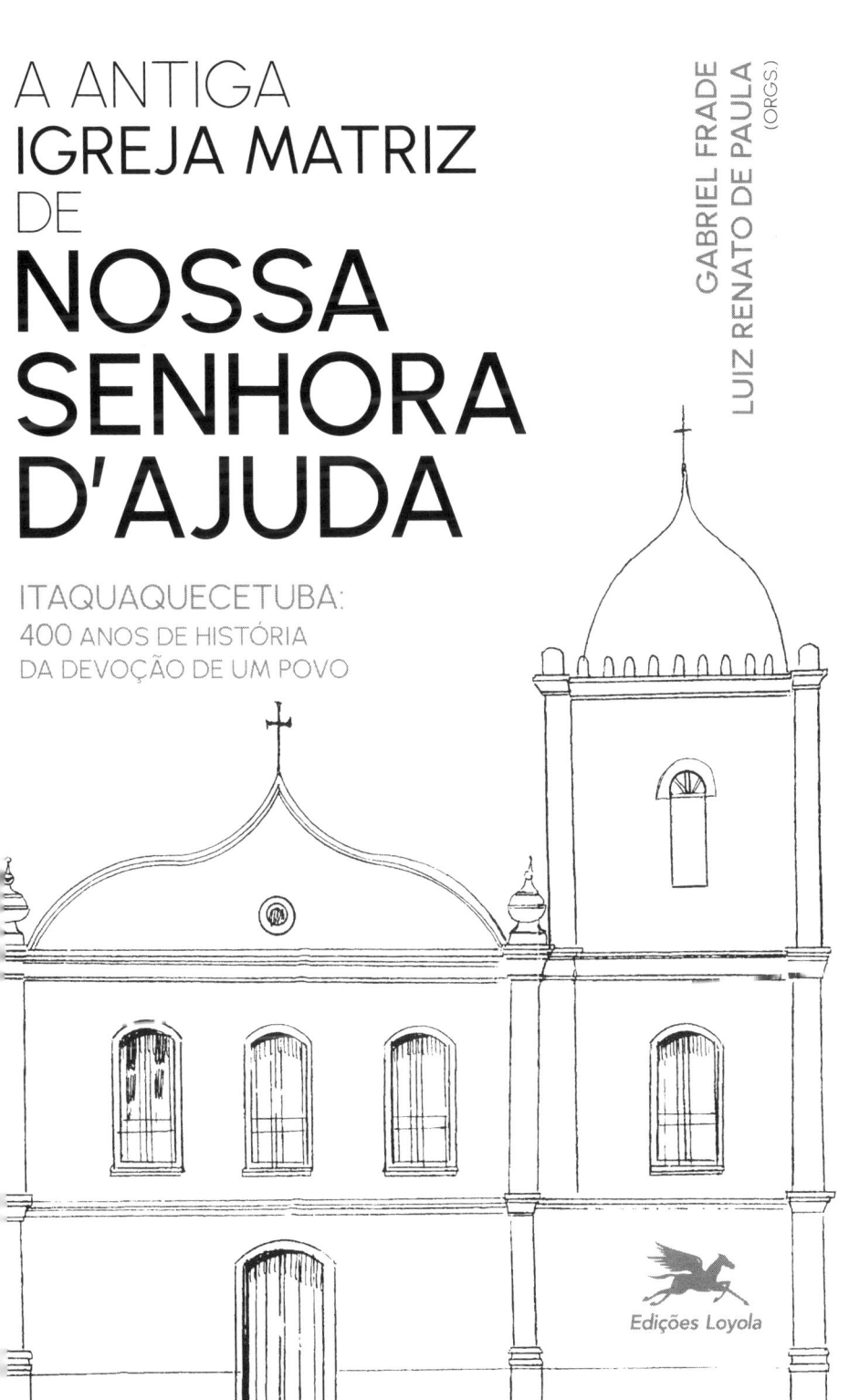

A ANTIGA IGREJA MATRIZ DE NOSSA SENHORA D'AJUDA

ITAQUAQUECETUBA:
400 ANOS DE HISTÓRIA
DA DEVOÇÃO DE UM POVO

GABRIEL FRADE
LUIZ RENATO DE PAULA
(ORGS.)

Edições Loyola

Dados Internacionais de Catalogação na Publicação (CIP)
(Câmara Brasileira do Livro, SP, Brasil)

A antiga igreja matriz de Nossa Senhora d'Ajuda : Itaquaquecetuba : 400 anos de história da devoção de um povo / Gabriel Frade, Luiz Renato de Paula (orgs.). -- São Paulo : Edições Loyola, 2024. -- (Temas e perspectivas)

ISBN 978-65-5504-398-3

1. Cristianismo 2. Igreja Matriz da Nossa Senhora d'Ajuda - Itaquaquecetuba (SP) - História I. Frade, Gabriel. II. Paula, Luiz Renato de. III. Série.

24-221793   CDD-282.098161

Índices para catálogo sistemático:
1. Igreja Matriz da Nossa Senhora d'Ajuda : Itaquaquecetuba : São Paulo : Estado : História   282.098161

Eliane de Freitas Leite - Bibliotecária - CRB 8/8415

Capa: Ronaldo Hideo Inoue
Igreja de Nossa Senhora d'Ajuda.
Composição a partir de detalhes dos esboços de Marco Aurélio Funchal.
Na contracapa, foto da igreja do acervo pessoal do Pe. Luiz Renato de Paula.
Diagramação: Maurelio Barbosa
Ilustrações do miolo: Marco Aurélio Funchal
Revisão: Maria Teresa Sampaio

Edições Loyola Jesuítas
Rua 1822 nº 341 – Ipiranga
04216-000 São Paulo, SP
T 55 11 3385 8500/8501, 2063 4275
editorial@loyola.com.br
vendas@loyola.com.br
www.loyola.com.br

Todos os direitos reservados. Nenhuma parte desta obra pode ser reproduzida ou transmitida por qualquer forma e/ou quaisquer meios (eletrônico ou mecânico, incluindo fotocópia e gravação) ou arquivada em qualquer sistema ou banco de dados sem permissão escrita da Editora.

ISBN 978-65-5504-398-3

© EDIÇÕES LOYOLA, São Paulo, Brasil, 2024

Que neste Jubileu de 400 anos, Nossa Senhora d'Ajuda, a padroeira de Itaquaquecetuba, lhe abençoe grandemente e que este livro possa ajudar a todos nós a amá-la com mais fervor, pois ela é nossa Mãe!

Sumário

Prefácio 11

Apresentação 15

I. A história de um padre novo 21

II. O restauro da igreja Nossa Senhora
d'Ajuda de Itaquaquecetuba –
Dez anos de uma nova história 29

III. O Jubileu de 400 anos da igreja dedicada
à Nossa Senhora d'Ajuda 53
    PRIMEIRA PARTE 55
    1. Algumas considerações gerais sobre o
       "jubileu" 55
       a) "Contarás sete semanas de anos, isto é, sete vezes
          sete anos..." (Lv 25,8) 56
       b) "Pois é um exemplo que eu vos dei: o que eu fiz
          por vós, fazei-o vós também..." (Jo 13,15) 57

2. Espiritualidade mariana: "Fazei tudo o que
ele vos disser" (Jo 2,5) 60
   *a) Maria é a Senhora que nos ajuda a entrar
   no júbilo* 65

SEGUNDA PARTE 67
1. Elementos de história 67
   a) O lugar 67
   b) A freguesia de Nossa Senhora d'Ajuda 75
2. Os oragos da paróquia 79
   a) A padroeira principal: Nossa Senhora d'Ajuda ... 79
   b) São Benedito, o mouro 90
   c) São José de Anchieta 100
   d) Festa de Santa Cruz 109

IV. Homenagem aos padres falecidos 115

V. Testemunhos 119
   Testemunho de Dom Pedro Luiz Stringhini,
   bispo da Diocese de Mogi das Cruzes 120
   Testemunho de Ludovina Pacheco 123
   Testemunho do padre Paulo Frade 126
   Testemunho de Ana Maria da Silva 132
   Testemunho de Helena Vieira Moraes 135
   Testemunho de Maria da Penha Rodrigues 137
   Testemunho de Etelvina Barbosa de Camargo 139
   Testemunho de Vicente Pedro Bina 141

Testemunho de Zaqueu do Amaral
e Leonilda do Prado do Amaral 143
Testemunho de Ivone Santos Dias 145
Testemunho de Regina Avelino 147
Testemunho de Cícera Thadeu dos Santos,
Secretária da Chancelaria da Diocese de
Mogi das Cruzes 150

VI. Homenagem às vocações religiosas
femininas 153

Conclusão 163

Referências bibliográficas 167

Anexos 173
  1. O logo das comemorações dos 400 anos da
Paróquia Nossa Senhora d'Ajuda 175
A escolha das cores 175
Os elementos do selo comemorativo 176
400 anos 176
A igreja 177
A coroa 177
As estrelas 178
A água 178
O arco 179
A frase 179

2. Solicitação de nosso Bispo diocesano, Dom Pedro Luiz Stringhini, ao Papa Francisco, por meio da Nunciatura Apostólica no Brasil, para a obtenção do título de Basílica Menor para a igreja de Nossa Senhora d'Ajuda 181
3. Mensagem pelos 400 anos da igreja dedicada à Nossa Senhora d'Ajuda 183
4. Carta enviada ao Papa Francisco solicitando a Canonização de São José de Anchieta 187
5. Carta da Comissão Diocesana dos Bens Culturais da Diocese de Mogi das Cruzes 193
6. Lista de nomes conhecidos dos párocos e vigários que passaram pela Paróquia de Nossa Senhora d'Ajuda 195
7. Carta de despedida ao amigo Giovanni: "I-Juca Pirama" ou "aquele que deve morrer" 199
8. Giovanni é o seu nome... (cf. Lc 1,63) 209
9. Pedido de Aprovação para Título de Santuário Diocesano 215
10. Restauro e Jubileu 223
    Equipes 223
11. Oração à Nossa Senhora d'Ajuda – Jubileu dos 400 anos 225

Prefácio

Foi com muita alegria que aceitei o convite para escrever uma pequena mensagem neste livro intitulado "A antiga igreja matriz de Nossa Senhora d'Ajuda - Itaquaquecetuba: 400 anos de história da devoção de um povo", organizado pelo Prof. Dr. Gabriel Frade e pelo padre Luiz Renato de Paula.

Desde quando fui comunicado sobre os trabalhos de restauração dessa Igreja dedicada à Nossa Senhora d'Ajuda, estive acompanhando de perto todo o processo, muito consciente de que, para além de qualquer aspecto religioso confessional, tratava-se de um patrimônio material presente em nosso município, possuidor de um inestimável valor histórico, cultural e religioso.

Ademais, o conjunto arquitetônico da Igreja antiga e da Praça Padre João Álvares é, como se sabe, o "documento de identidade" de nossa cidade, já que esta teve sua origem precisamente nesse local há quase quinhentos anos.

Nesse sentido, a restauração desse edifício era mais do que devida, tornando-se mesmo a grande metáfora da sempre necessária restauração de todo o nosso município que, posso dizê-lo, foi também levada adiante com muito empenho pela nossa administração e que ainda continua em andamento.

Dentro do espírito propalado pela nossa *Carta Magna*, a Constituição Federal de 1988 (cf. art. 5º), desejo parabenizar a todos os envolvidos na restauração da Igreja e na organização das comemorações deste jubileu de 400 anos da construção desse templo, na certeza de que, ao fazê-lo, estou também reconhecendo o importante papel que todas as religiões desempenham em nosso município de Itaquaquecetuba.

Ainda nesse mesmo espírito, desejo dirigir um particular agradecimento ao Bispo diocesano Dom Pedro Luiz Stringhini e ao pároco da Igreja de Nossa Senhora d'Ajuda, o padre Luiz Renato de Paula, que além de se dedicar em primeira pessoa à restauração da Igreja matriz, teve a árdua tarefa de substituir o antigo pároco, o cidadão honorário itaquaquecetubense padre Giovanni Cosimati, que após quase cinquenta anos de serviços prestados à Igreja católica – e, de certo modo, também ao nosso município –, tristemente veio a falecer neste ano jubilar.

Agradeço também ao Prof. Dr. Gabriel Frade, que é filho ilustre e morador de Itaquaquecetuba e tem enchido de orgulho a todos nós em virtude de seus trabalhos acadêmicos voltados à valorização da história e da dignidade de nossa cidade.

Por fim, faço votos de que a restauração desse inestimável patrimônio material seja um claro sinal da importância do resgate da memória histórica do povo itaquaquecetubense, que, como poucos, pode se vangloriar de ter um dos patrimônios materiais mais eloquentes de toda a região do Alto Tietê.

Itaquaquecetuba, 08 de setembro de 2024

Dr. Eduardo Boigues Queroz
Prefeito Municipal de Itaquaquecetuba

Apresentação

Jesus fez ainda muitas outras coisas:
se as escrevessem uma a uma,
o mundo inteiro não poderia, penso eu,
conter os livros que se escreveriam.
(Jo 21,25)

Quatrocentos anos da história de uma capela; quase quinhentos anos de história da presença do cristianismo na cidade de Itaquaquecetuba.

São tantas as histórias, conhecidas e desconhecidas, em torno dessa antiga localidade paulista situada à margem esquerda do rio Tietê que, se fossem realmente escritas, muitos livros não dariam conta de relatá-las. Dentre os escritos mais antigos que chegaram até os nossos dias, há desde alguns muito singelos, com apenas listas de nomes de várias famílias de indígenas – ou "fogos", como se dizia à época, evocando a "pedra lar" da lareira em torno da qual se reunia a família – que moraram nas casas em torno da igreja, até os escritos e testemunhos mais eloquentes da documentação guardada nos arquivos dos jesuítas, a primeira ordem a chegar no planalto paulista. Além disso há também os testemunhos bem mais recentes, até mesmo de inúmeros anônimos, daqueles que se empenharam na manutenção e preservação da memória do catolicismo na cidade.

Este livro quer ser uma justa homenagem a todos esses que de algum modo contribuíram para com esta cidade, particularmente com a igreja. Dentre eles, desde o período antigo, destacamos aqueles que foram os trabalhadores da primeira hora (cf. Mt 20,1-15), como é o caso de São José de Anchieta, o fundador da cidade, e o taumaturgo padre Belchior de Pontes, o jesuíta que reformou e deu corpo à antiga igreja, precedentemente construída de modo mais simples pelo padre secular João Álvares e mais tarde por ele doada aos jesuítas, há quatrocentos anos. Além desses vultos que pertencem também à história nacional, este livro deseja principalmente homenagear os simples, aqueles dos quais às vezes não se conhecem nem mesmo os nomes. Homens e mulheres que, pelo contrário, têm sua história bem presente diante dos olhos de Deus e aos quais só podemos agradecer por terem guardado o depósito da fé (cf. 1Tm 6,20) e transmitido de algum modo esse precioso tesouro a nós, que continuamos a ser, no dizer do apóstolo, simples "vasos de barro" (cf. 2Cor 4,7).

Nesse sentido, como não agradecer a tantos outros que certamente contribuíram com nossa igreja? É um dever fazer aqui ao menos menção, a começar pelas ordens e congregações que por aqui passaram, como as dos jesuítas, beneditinos, franciscanos, redentoristas, congregação dos Sagrados Corações – neste caso evocamos a passagem pela nossa paróquia do venerável padre Eustáquio van Lieshout – e as centenas de padres, muitos desconhecidos, que deram a vida por esta antiga terra das "muitas taquaras-faca".

A todos eles deseja-se prestar uma homenagem, evocando especialmente as figuras daqueles que marcaram mais recentemente o rosto desta igreja local: os padres Sandro Evangelista, Gerásimo Ciaccia e Giovanni Cosimati, este último, ativo na cidade desde 1977 e que, neste ano de 2024, fez sua Páscoa no Senhor. Além desses padres que trabalharam em nossa Paróquia, desejamos recordar também o padre Jefferson Calidônio, que, tendo nascido e sido criado em Itaquaquecetuba, faleceu precocemente, causando grande comoção em nossa comunidade.

Por meio da publicação deste livro, deseja-se ainda prestar um singelo agradecimento ao atual pároco, o padre Luiz Renato de Paula, que muito se empenhou na restauração e preservação do grande patrimônio brasileiro que é a nossa igreja dedicada à Nossa Senhora d'Ajuda.

Por último, e não menos importante, deseja-se louvar e agradecer a todos os leigos e leigas, tanto os das antigas irmandades como os dos atuais movimentos e pastorais, que foram de especial importância ao longo de todo o tempo de nossa igreja.

Além dessas homenagens importantes e necessárias, estas páginas surgiram como forma de melhor fixar na memória coletiva e agradecer ao Senhor pelo grande dom das celebrações deste Quarto Centenário da igreja matriz de Nossa Senhora d'Ajuda. Por esse motivo, o plano desta obra está dividido em três grandes partes. Na primeira, constam alguns textos de caráter histórico-comemorativo; na segunda parte, testemunhos de pessoas que deram contribuições notáveis para nossa paróquia e homenagens aos padres e irmãs que tiveram alguma relação com nossa paróquia. Por fim, na terceira e última parte há alguns textos anexados em que são apresentados importantes documentos, produzidos especialmente para as comemorações deste Quarto Centenário, além de dois textos à guisa de memória e homenagem ao nosso antigo pároco, padre Giovanni Cosimati. Por último, como fechamento deste livro, há a *Oração à Nossa Senhora d'Ajuda*.

Que Maria Santíssima, a Senhora d'Ajuda, continue a interceder por todos nós, seus indignos filhos, neste lugar abençoado pela divina presença. Que São José de Anchieta, o Apóstolo do Brasil e fundador de nossa cidade, possa – mediante sua intercessão – continuar suscitando santas vocações cristãs para o anúncio do Evangelho.

Itaquaquecetuba, 08 de setembro de 2024

Solenidade do IV centenário da igreja de Nossa Senhora d'Ajuda
e
475º ano da chegada dos jesuítas no Brasil

Gabriel Frade

A história de
um padre novo[1]

---

1. Texto de autoria de padre Luiz Renato de Paula, graduado em Filosofia e Teologia pela Faculdade Paulo VI – Mogi das Cruzes; é o atual Pároco da igreja Matriz de Nossa Senhora d'Ajuda, em Itaquaquecetuba.

Proveniente de Guaratinguetá, cidade do interior de São Paulo, hoje tenho a alegria de testemunhar minha fé na devoção à Nossa Senhora d'Ajuda.

Sou o padre Luiz Renato de Paula, sacerdote ordenado no ano de 2010 na diocese de Mogi das Cruzes (SP). Nesse mesmo ano da minha ordenação fui encaminhado para trabalhar na cidade de Itaquaquecetuba. Fui acolhido por um padre italiano, o padre Giovanni Cosimati, e comecei a conviver e a entender a vida de um povo simples e piedoso, que possuía uma relação íntima com Nossa Senhora e convivia com o velho pároco de uma forma toda especial, que hoje mereceria um destaque maior dentro de nossas igrejas.

Quando cheguei à cidade, encontrei a nossa antiga igreja Matriz de Nossa Senhora d'Ajuda deteriorada pelo tempo e mais ainda: estava prestes a ser interditada por razões de segurança, em virtude dos grandes riscos que se apresentavam. De fato, infelizmente acabou acontecendo o que de algum modo esperávamos: toda a construção da igreja velha foi interditada no ano de 2012, já que se apresentavam problemas na estrutura do prédio, principalmente nas colunas.

Um clima de muita tristeza logo surgiu na Comunidade, e ali estava eu, recém-ordenado e, como todos já sabiam, animado para trabalhar no início do ministério. Como era natural, a pergunta que todos faziam naquele momento para nós, padres, era: "O que vocês irão fazer?". Diante de todas as dificuldades, eu respondia com toda sinceridade a quem me perguntava isso: "o caminho mais seguro é rezar para que Deus nos indique a melhor solução!".

Conversamos muito a respeito de procurarmos verbas e apoio pela nossa região, mas infelizmente o tempo era curto e precisávamos de uma solução imediata. Por vários motivos e diante das necessidades de restaurar a igreja de Nossa Senhora d'Ajuda, envolver a Comunidade era a única solução rápida que tínhamos em mente.

Afinal, o povo de Itaquaquecetuba ama essa sua igreja, por ser sua história vinculada a cada família que a frequenta: tantos batismos e casamentos realizados, e, sem sombra de dúvida, muitas missas participadas nessa Igreja.

Logo constituímos uma equipe e a intitulamos de "Equipe do Restauro", formada pelos próprios fiéis da Comunidade, que na cabeça de um jovem padre iriam aderir ao projeto. Foram feitas diversas reuniões em sequência para planejar eventos e campanhas e, ao mesmo tempo, tínhamos em mente a importância de mostrar todo um trabalho ao nosso povo, enfatizando a necessidade de tamanha correria contra o tempo.

Para o bom êxito desse projeto, foi também fundamental a comunhão com a Diocese de Mogi das Cruzes e com os órgãos públicos da cidade. Por outro lado, outro fator importante era a consciência de manter a boa vontade e perseverança ao começar um projeto de longo prazo, sem ceder às tentações de desistir mediante às dificuldades que poderiam aparecer pelo caminho.

Foi assim que começaram os grandes movimentos em favor do trabalho de restauro, com ginásios cheios e belos jantares bem organizados; mas o mais bonito era ver a alegria estampada nos rostos dos participantes. Ficou claro que, mais do que querer algo em troca, o que se pleiteava era poder ajudar a pequena igreja de Itaquaquecetuba.

Com o avançar das arrecadações, foi possível refazer os telhados da igreja e a restauração das colunas: esses foram os primeiros trabalhos. Na etapa seguinte, era chegado o momento de pensar na parte interna da igreja. Pensava-se nesse período em fazer os acabamentos necessários para que o prédio voltasse a ter um pouco da sua originalidade. Essas atividades, todas somadas, consumiram uma energia considerável.

De fato, algumas pessoas me perguntavam se toda essa correria não teria nos cansado. Bom, eu não negava: houve cansaço, sim, e não apenas físico, mas também no sentido de não ter como focar em outra coisa na vida da Comunidade senão nessa restauração.

Foi justamente nesse período que eu tive a alegria de assumir a paróquia central como pároco, e agora cabia a mim não só pensar no restauro, mas também em toda a estrutura da Comunidade.

Embora eu tivesse que lidar com o cansaço físico e mental, não podia desanimar, porque tinha diante de mim um rebanho inteiro que confiava em seu pastor. Em todo caso, Deus foi à frente, e no ano de 2017 abriram-se novamente as portas da igreja matriz de Nossa Senhora d'Ajuda. Um dos momentos mais belos foi ver todo o nosso povo radiante de alegria por ter entendido o valor da luta em restaurar sua igreja; naquele momento, por meio dos sorrisos dos fiéis presentes na grande celebração que foi feita, só tínhamos a agradecer.

Abaixando a poeira de tanta correria feita até a reabertura da igreja, olhamos para a sua fachada e, com um suspiro, pensamos e rezamos como da primeira vez, no início do restauro. Vimos que era hora de restaurar a fachada e percebemos que esse trabalho iria animar de vez toda a Comunidade. Quando falo em "animar" me refiro ao fato de que era necessário mostrar para todo o povo de Itaquaquecetuba a importância de um trabalho comunitário que teve início, meio e fim.

Não deixou de ser uma grande responsabilidade, visto que chegava a hora, nessa etapa, de restaurar a parte externa da igreja, de mexer "na foto" da sua identidade principal, como é sem dúvida a fachada da igreja matriz.

Devo dizer que uma luz brilhou no fim do túnel por meio de um diálogo sério e responsável junto aos órgãos públicos da cidade. Em nossas conversas, sempre destaquei a importância de preservar um patrimônio municipal como o da nossa igreja e que era papel dos órgãos públicos participarem nesse empreendimento.

Efetivamente, a igreja de Nossa Senhora d'Ajuda está tombada como Patrimônio Histórico tanto pelo Estado de São Paulo (Conselho de Defesa do Patrimônio Histórico, Arqueológico, Artístico e Turístico – CONDEPHAAT) quanto na esfera municipal, pela Prefeitura Municipal de Itaquaquecetuba. Por esse motivo, esse diálogo era mais que necessário. Foi também por isso que fomos seguindo todas as orientações documentais, especialmente aquelas fornecidas pelo governo atual da cidade.

Aos poucos fomos conseguindo o apoio para restaurar as janelas e o conjunto da fachada da igreja como um todo. Ao final desse processo foi feita outra grande festa junto à Comunidade, em 2023, com a entrega de todo prédio da Igreja restaurado.

Agradecendo a Deus e àqueles que trabalharam arduamente na obra, podemos dizer que atualmente o prédio se encontra restaurado, mas faltam outros tantos detalhes como, por exemplo, as imagens históricas, os altares, retábulos e, talvez o passo seguinte, o tão sonhado forro da igreja.

Não podemos deixar de sonhar e lutar, mas agora que chegou este momento do jubileu de quatrocentos anos da igreja de Nossa Senhora d'Ajuda, com tantos projetos e celebrações, me vejo na obrigação de agradecer à Nossa Senhora e a todo o povo da igreja Matriz de Itaquaquecetuba: mais do que restaurar uma igreja física, vi que toda essa história serviu para restaurar a fé e a devoção; vi também que foi uma oportunidade para restaurar e consolidar meu ministério de padre novo, a serviço do povo.

Esse é um povo que amo e por quem dou a minha vida. Por todos e cada um tenho consagrado o ministério de presbítero que recebi da Igreja Católica; muitas coisas boas e bonitas aconteceram nestes meus quatorze anos de vida sacerdotal, e procuro agradecer trabalhando.

Agradeço àqueles que acreditam no meu trabalho, a começar pela minha família: faço aqui memória à minha amada e querida avó materna, falecida nestes últimos tempos, a Senhora Georgina Magalhães de Paula; também à minha mãe, Dona Regina, que reza por mim sempre como filho e padre. Depois, quero agradecer a tantas amizades que fui cultivando nesta Comunidade e que hoje tenho como uma grande família paroquial, nos trabalhos pastorais de nossa Igreja.

Celebrar o Jubileu da igreja matriz de Nossa Senhora d'Ajuda em Itaquaquecetuba é celebrar a vitória de uma Igreja restaurada pela vontade de Deus e do seu povo simples e humilde.

II

O restauro da igreja Nossa Senhora d'Ajuda de Itaquaquecetuba - Dez anos de uma nova história[1]

1. Texto de autoria de Vanessa Kraml, graduada em Arquitetura e Urbanismo pela Universidade Paulista – UNIP (1997), mestre em Restauro de Monumentos pela Universidade La Sapienza de Roma (2004) e especialista em Restauro e Conservação de Pintura sobre Cavalete pelo Museu de Arte Sacra. Atualmente é diretora da VK Arquitetura e Restauro; editora da revista

Quem admira o esplendor da igreja Nossa Senhora d'Ajuda de Itaquaquecetuba provavelmente não imagina o estado de conservação desse templo em novembro de 2013.

A igreja foi interditada após a queda de parte do forro de estuque que coroava o presbitério, provocada pela degradação de sua estrutura em madeira que fora corroída por cupins. Essa estava de tal modo desgastada que era praticamente inexistente e corria o risco de colapsar, podendo por consequência causar acidentes graves aos seus usuários.

À época, em seu interior, a cena era de abandono. Entulhada de móveis antigos, repleta de poeira e dejetos de pombos, que usavam à época a igreja como morada, era perceptível a falta de cuidado e reconhecimento da construção do século XVII como bem cultural.

Em vistoria realizada no dia 15 de novembro de 2013, foi identificada a presença de diversos pontos de infiltração e infestação por cupins, em praticamente todos os elementos arquitetônicos e artísticos de madeira, como estruturas das coberturas do presbitério, nave e torre sineira, forros, bem como nos quatro retábulos e no altar-mor.

Outro grave problema detectado foi o iminente risco de incêndio, em razão do estado dos fios antigos de eletricidade presentes no entreforro.

Restauro, coordenadora dos cursos de Pós-Graduação em Conservação e Restauro Arquitetônico, de Pintura sobre Cavalete e Pintura Mural pela Universidade Santa Úrsula e é membro do ICOMOS Brasil, DOCOMOMO Internacional+Brasil e LAC-APTi.

Área do forro do presbitério em estuque que caiu, devido aos danos provocados por cupins.
(Foto: Vanessa Kraml, acervo pessoal)

Madeiramento de sustentação do forro em estuque consumido pelos cupins.
(Foto: Vanessa Kraml, acervo pessoal)

Estrutura da torre sineira em madeira, com danos provocados por infiltrações e ataque de cupins. (Foto: Vanessa Kraml, acervo pessoal)

Calha entre a torre sineira e a cobertura da nave, repleta de dejetos de pombos e encoberta por telhas e tábuas, que prejudicavam sobremaneira o escoamento das águas pluviais, provocando infiltrações. (Foto: Vanessa Kraml, acervo pessoal)

Forro e estrutura da cobertura da nave, degradados devido à presença de infiltrações, cupins e dejetos de pombos. (Foto: Vanessa Kraml, acervo pessoal)

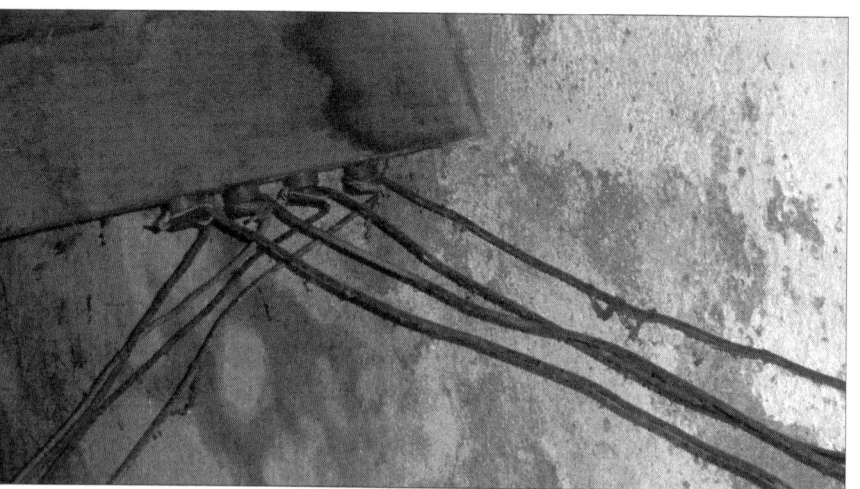

Instalações elétricas antigas, com emendas dos fios expostas, que poderiam provocar curtos-circuitos e, consequentemente, incêndios. (Foto: Vanessa Kraml, acervo pessoal)

A cobertura que protegia os fiéis no percurso até a igreja nova era fixada diretamente na antiga parede de taipa de pilão. A rampa encostava na parede da sacristia e escondia parcialmente uma porta antiga. (Foto: Vanessa Kraml, acervo pessoal)

Rampa e cobertura novas foram executadas do lado oposto ao edifício histórico, deixando a parede antiga livre de interferências. (Foto: Vanessa Kraml, acervo pessoal)

Determinada a resgatar o esplendor do templo, a Paróquia Nossa Senhora d'Ajuda promoveu bingos, vendeu rifas e recebeu doações dos fiéis durante quatro anos de campanha em prol da restauração e reabertura da igreja.

Entre janeiro e agosto de 2014 foram executadas ações emergenciais, que consistiram, principalmente, na descupinização de todo o templo; demolição dos forros em estuque e madeira, restauro das coberturas e coro e remoção de elementos arquitetônicos que não eram originais e prejudicavam a preservação das antigas paredes, executadas em taipa de pilão e adobe.

O forro da nave em madeira não era antigo e corria risco de desabar, por conta da presença de cupins, portanto foi totalmente retirado e descartado. (Foto: Vanessa Kraml, acervo pessoal)

As sondagens executadas comprovaram que não havia pintura decorativa no forro de estuque que coroava o presbitério. Em vista disso, foi totalmente removido, pois o seu madeiramento muito danificado indicava elevado risco de desabamento.

O coro também sofreu com infiltrações, ataque de fungos e cupins. A maioria dos barrotes antigos foi preservada, mas tiveram trechos substituídos, por conta do avançado estado de deterioração.
(Foto: Vanessa Kraml, acervo pessoal)

Os retábulos tinham madeirites complementando partes faltantes, que foram completamente destruídas pelos cupins. Essas partes foram trocadas, provisoriamente, por placa de compensado de melhor qualidade, e pintadas. (Foto: Vanessa Kraml, acervo pessoal)

Foi realizado, ainda, o preenchimento das partes faltantes do reboco com argamassa de cal e areia, compatível àquela original.
(Foto: Vanessa Kraml, acervo pessoal)

Situação do telhado após a intervenção.
(Foto: Vanessa Kraml, acervo pessoal)

Fiéis em oração diante do altar. (Foto: Vanessa Kraml, acervo pessoal)

Reaberta ao público no dia da festa da padroeira de Itaquaquecetuba, em 8 de setembro de 2014, a igreja voltou a abrigar seus fiéis em segurança.

Passados quase quatro anos, a Paróquia organizou nova campanha, com a finalidade de arrecadar verba para restaurar a fachada frontal da igreja.

Entre os meses de fevereiro e maio de 2018 o frontispício e a torre sineira do templo tiveram seus ornatos redescobertos, após a remoção das diversas camadas de tinta e cimento.

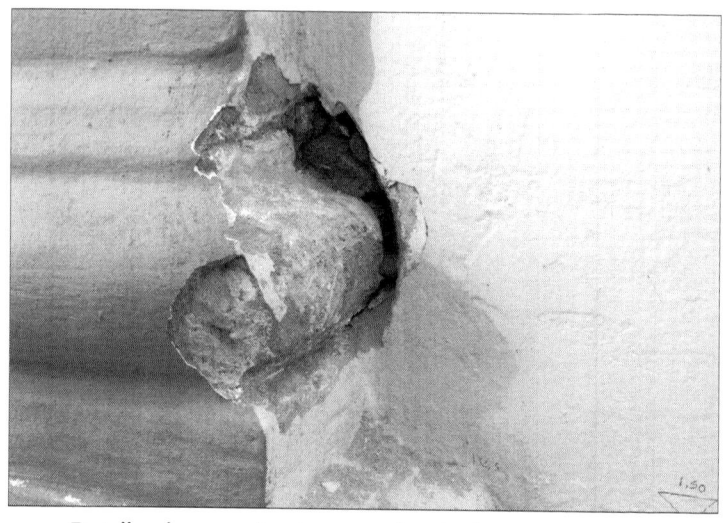

Detalhe da remoção das camadas de tinta e argamassa.
(Foto: Vanessa Kraml, acervo pessoal)

Após a montagem do andaime foi possível verificar de perto o estado de conservação da fachada e da torre sineira.

As ameias e merlões que ficavam no topo da torre, construída em 1917, estavam completamente soltos, em razão da presença de colonização biológica e vegetação infestante, e tiveram que ser totalmente desmontadas e remontadas.

Situação da torre antes da intervenção.
(Foto: Vanessa Kraml, acervo pessoal)

Todas as superfícies em argamassa foram inspecionadas. A argamassa antiga, elaborada com terra e cal, foi identificada e preservada; mas os trechos onde havia argamassa de cimento, material incompatível com as técnicas construtivas tradicionais, foram demolidos e reintegrados com argamassa similar àquela antiga.

A garagem coberta, construída na lateral direita da igreja, foi demolida em junho do mesmo ano, objetivando a visualização da fachada e a sua conservação.

A antiga igreja matriz de Nossa Senhora d'Ajuda

Montagem dos andaimes e trabalhos de intervenção na fachada.
(Foto: Vanessa Kraml, acervo pessoal)

Demolição da garagem. (Foto: Vanessa Kraml, acervo pessoal)

Passados cinco meses foi possível arrecadar fundos para pintura interna, restauro do piso em ladrilho hidráulico e troca dos bancos, que também estavam infestados de cupim, por novos.

Situação da nave durante os trabalhos de recuperação do ladrilho hidráulico. (Foto: Vanessa Kraml, acervo pessoal)

Ladrilho recuperado e colocação de novos bancos.
(Foto: Vanessa Kraml, acervo pessoal)

Durante quatro meses a igreja ficou fechada para restauro e no dia 3 de março de 2019 foi celebrada uma linda missa de reabertura.

Transcorridos dezoito meses, foi possível executar o restauro das fachadas laterais e posterior; pintar a fachada frontal; demolir o mezanino da sacristia, que não era antigo, e assim recuperar um antigo nicho; subdividir ambientes; recuperar antigos vãos de janelas e portas; pintar os ambientes que não tinham passado por nenhuma intervenção, como as salas de catequese e o interior da torre sineira; restaurar o piso em ladrilho hidráulico da sacristia e salas adjacentes; substituir a cobertura de acesso à igreja nova, executar novas instalações elétricas e instalar lustres e ventiladores.

Recuperação da parede lateral com aplicação de argamassa compatível. (Foto: Vanessa Kraml, acervo pessoal)

Recuperação do nicho da sacristia.
(Foto: Vanessa Kraml, acervo pessoal)

Intervenção nas janelas da fachada.
(Foto: Vanessa Kraml, acervo pessoal)

Os trabalhos de restauro foram retomados no ano de 2023, entre os meses de junho e outubro, quando realizou-se nova pintura das fachadas com tinta mineral, o restauro das janelas da fachada frontal e a produção de novas janelas para serem instaladas na torre, com características baseadas naquelas encontradas em fotos antigas.

Situação da nave após o restaurado.
(Foto: Vanessa Kraml, acervo pessoal)

Vista da torre sineira após a recuperação da estrutura murária.
(Foto: Vanessa Kraml, acervo pessoal)

Após o resgate da grandiosidade de uma das mais antigas igrejas do Estado de São Paulo, a última etapa, que compreende o restauro dos retábulos e das imagens e a instalação dos novos forros do presbitério e da nave, será executada em um futuro próximo.

Essa comunhão entre a paróquia de Nossa Senhora d'Ajuda e a comunidade itaquaquecetubense, direcionada às benfeitorias realizadas na igreja, demonstra o quanto, ao nos unirmos, podemos preservar de nosso patrimônio cultural, em respeito àqueles que construíram o nosso país e às próximas gerações.

Espera-se, a partir de agora, que essa determinação havida entre os principais atores que conduziram as ações de salvaguarda se perpetue, a fim de que a igreja nunca mais corra o risco de retornar ao estado em que se encontrava em 2013.

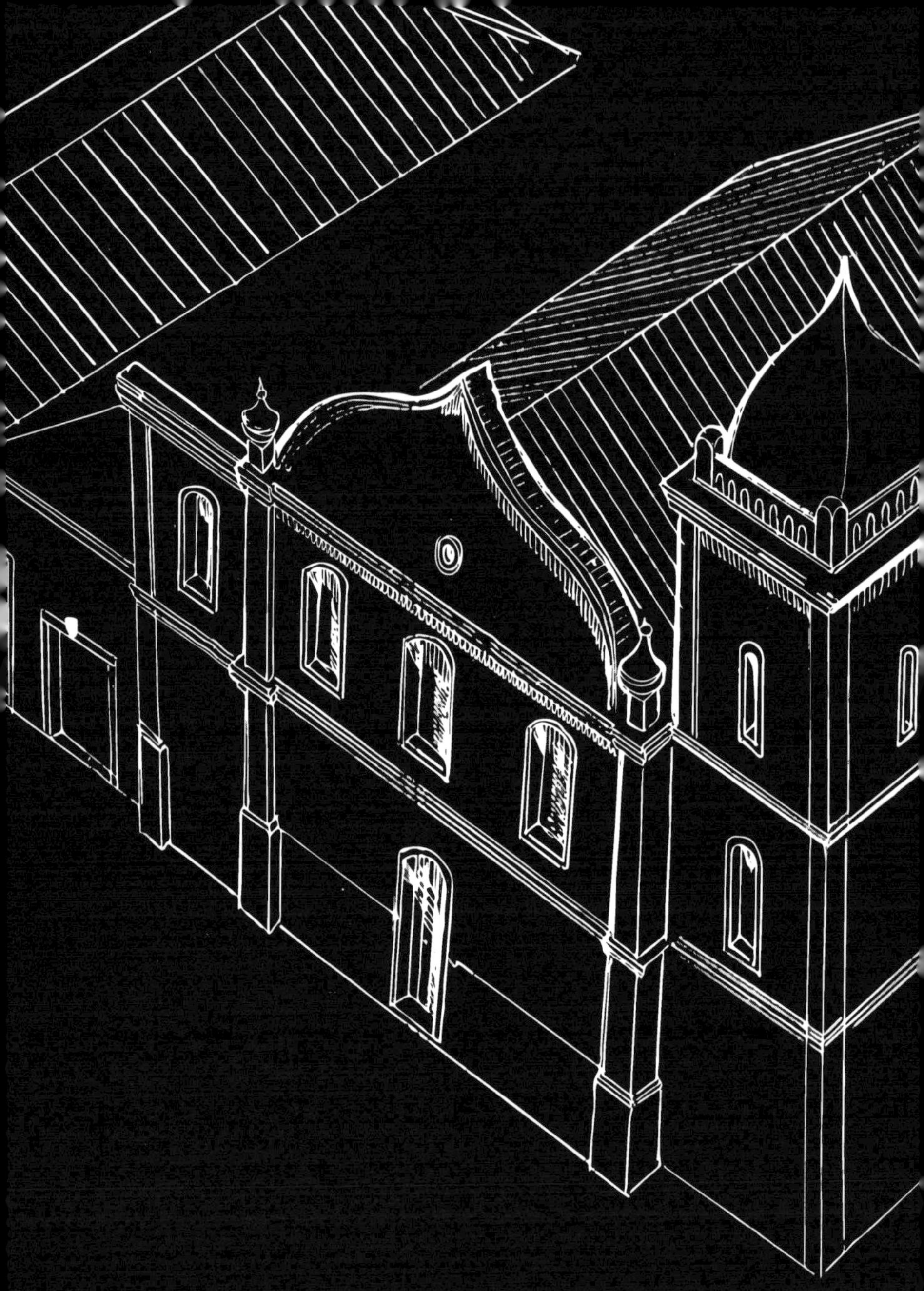

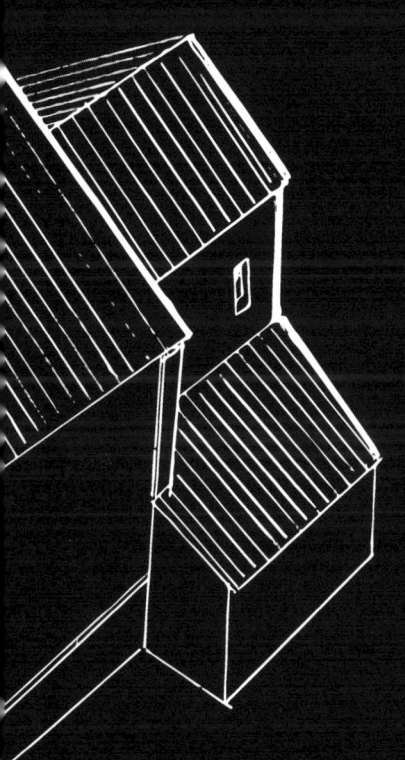

O Jubileu de 400 anos da igreja dedicada à Nossa Senhora d'Ajuda[1]

---

1. Texto do prof. Gabriel Frade, graduado em Filosofia e Teologia pela Pontifícia Universidade Gregoriana, possui Mestrado em Liturgia pela PUC-SP e Doutorado em História da Arte e Arquitetura pela FAUUSP.

O que venho a pedir ou protestar, Senhor, é que nos ajudeis e nos liberteis: Adjuva nos, et redime nos. Mui conformes são estas petições ambas ao lugar e ao tempo. Em tempo que tão oprimidos e tão cativos estamos, que devemos pedir com maior necessidade, senão que nos liberteis: Redime nos? E na casa da Senhora d'Ajuda, que devemos esperar com maior confiança, senão que nos ajudeis: Adjuva nos?

Padre Antônio Vieira, SJ

Sermão pelo Bom Sucesso das Armas de Portugal contra as de Holanda, pronunciado na igreja Nossa Senhora d'Ajuda, Bahia, 1640.

Pareceu-nos importante trazer alguns poucos elementos de reflexão sobre este grande evento do *Jubileu* que é celebrado pela nossa paróquia. O intuito é o de apresentar algumas pistas para, quem sabe, melhor celebrarmos essa data tão significativa de 400 anos. Sendo assim, em um primeiro momento queremos propor um pequeno itinerário que parte das origens do conceito de "jubileu" e de algum conteúdo implícito a essa celebração presente na Bíblia. Em seguida, desejamos abordar outros poucos elementos na linha de uma espiritualidade mariana. Por fim, em uma segunda parte deste mesmo escrito, faremos alguns acenos relativos à história de nossa querida e singela igreja-velha. A expressão "velha", aqui, nada tem de depreciativa: trata-se muito mais de um grande e obsequioso elogio a uma construção que, graças à fé e à devoção de nosso povo, atravessou quase incólume o passar dos séculos, sobrevivendo às intempéries e inclemências do tempo, bem como ao mais recente furor devorador do "progresso". Esse não soube preservar adequadamente um dos poucos conjuntos urbanos do período colonial, que em nossa cidade é composto precisamente pelo terreiro jesuítico – a atual praça padre João Álvares –, as casas do entorno – as antigas moradas de indígenas do período do aldeamento, que desgraçadamente quase já não existem mais – e a antiga igreja matriz, que graças à Providência divina, inspiradora de algumas pessoas, ainda hoje se mantém de pé.

Se fosse conhecido o valor de todo esse conjunto, quem de direito deveria se esforçar não só pela sua preservação, mediante a confecção e execução de uma ampla legislação protetiva, mas também para que este fosse melhor compreendido e mais amado, adquirindo o justo lugar que lhe cabe nas mentes e nos corações de nossa população itaquaquecetubense e nos livros de história.

PRIMEIRA PARTE

1. Algumas considerações gerais sobre o "jubileu"

A palavra "jubileu", ao que tudo indica, tem uma origem bíblica. Parece remontar ao hebraico *jôbel*, que significa "trombeta" – ou mais precisamente o chifre do carneiro, usado com essa finalidade. Trata-se de uma referência a uma celebração solene e muito particular no antigo Israel em que esse instrumento musical, ao ser tocado, abria as festividades relativas a essa comemoração, que possuía um caráter marcadamente religioso-social e que deveria ocorrer a cada "sete semanas de anos", ou seja, após 49 anos, ou ainda, no quinquagésimo ano.

a) *"Contarás sete semanas de anos, isto é, sete vezes sete anos..."* (Lv 25,8)

De fato, conforme as prescrições encontradas no capítulo 25 do livro do Levítico, um jubileu deveria ocorrer após um ciclo de cerca de 50 anos e essa celebração reclamava atitudes muito concretas da parte de todo o povo de Israel.

Deixando de lado a intrincada história e os problemas de caráter exegético das prescrições contidas nesse texto do Antigo Testamento – e em outros textos não-bíblicos produzidos pelo judaísmo e que tratam igualmente da questão –, seria possível dizer em poucas palavras que as atitudes prescritas para a celebração do jubileu consistiam no fato de os campos serem deixados a descansar por um período de dois anos – ou seja, não se praticaria a semeadura e a colheita – e que toda a propriedade alienada (terras, casas etc.) deveria voltar aos donos originais ou aos seus herdeiros. Por fim, estava também prevista a concessão do perdão das dívidas e a libertação dos escravos e prisioneiros.

Toda essa concepção inerente ao "jubileu" derivava da firme convicção de que o verdadeiro proprietário de tudo era Deus e que todos os membros do povo eleito eram apenas os "administradores temporários" de algo que lhes havia sido dado como um dom. Ao povo cabia apenas fazer a *mimese*, isto é, a *imitação* daquilo que o próprio Deus havia feito na história, posto que era Deus mesmo quem havia concedido a libertação ao povo (cf. Ex 14), o repouso (cf. Sl 94(95),11; Gn 2,2) e uma terra (cf. Dt 1,8).

Discute-se ainda hoje se o antigo Israel – e, em alguma medida, também o moderno Israel – tenha colocado efetivamente em prática esse conceito bíblico, mas a ideia de uma celebração particular de libertação e perdão dentro de um período específico, marcada por um grande *júbilo* – neste caso a palavra vem do latim *iubilo*, isto é, "gritar de alegria" –, ficou arraigada nas mentes e nos corações.

b) *"Pois é um exemplo que eu vos dei: o que eu fiz por vós, fazei-o vós também..."* (Jo 13,15)

Como já acenado, a firme ideia de que é necessário seguir as mesmas atitudes de Deus na vida do dia a dia é algo que tem profundas raízes no povo judeu, assim como a ideia de que as celebrações litúrgicas servem como memorial, isto é, elas atualizam, presentificam, marcando indelevelmente na vida a convicção dada pela fé. De fato, mesmo para uma pessoa judia moderna, uma das expressões que caracterizam esse imitar de Deus pode ser facilmente observada na celebração semanal do *Shabbat* (o sábado) judaico que, dentre outras coisas, pede a abstenção de todo trabalho, como forma de reproduzir o descanso divino após a obra da criação e de reconhecer a Deus como Criador, como Senhor. Ora, como não poderia deixar de ser, essa mesma atitude de seguir os gestos de Deus encontra firme respaldo também no Novo Testamento, especialmente nas ações do próprio Jesus.

Efetivamente, desde os tempos apostólicos, a Igreja entendeu que era seu dever, por assim dizer, fazer certas ações, visto que na base destas estava o próprio agir de Jesus. É assim, por exemplo, que encontram justificação as atitudes de convite à oração constante, de dar de comer aos famintos, da assistência aos doentes, do serviço ao próximo etc. Em um certo sentido esse é o fundamento último das famosas *obras de misericórdia corporais e espirituais* ensinadas até hoje pela Igreja: nada mais são do que uma *imitatio Dei*, isto é, imitar os gestos de Deus mesmo. Nesse sentido, o que significa a obra de misericórdia corporal, "vestir quem está nu", senão a reprodução do mesmo gesto de Deus criador, que vestiu com túnicas de pele – ou, como quer certa tradução, "com vestes de luz" – Adão e Eva, cobrindo assim sua nudez primitiva (cf. Gn 3,21)?

Portanto, a ideia de celebração de um "jubileu", ou de comemorações especiais em que a ação de um Deus libertador e cheio de amor se faz particularmente sentida, é algo muito antigo na Igreja. Nessas ocasiões os cristãos se sentiam chamados a fazer uma particular experiência, em primeira pessoa, do perdão e da graça de Deus; mas, ao mesmo tempo, eram igualmente instados a reproduzir essa experiência gratuitamente recebida nas suas relações com os demais, como bem lembra a oração dominical rezada cotidianamente pelas comunidades cristãs: "Perdoai as nossas ofensas, assim como nós perdoamos a quem nos tem ofendido...".

No entanto, até onde nos é concedido saber, o primeiro Jubileu cristão propriamente dito, ou "Ano Santo", foi celebrado no Ocidente pela Igreja de Roma, sob o pontificado do Papa Bonifácio VIII no ano de 1300.

Nessa ocasião, seguindo a inspiração do texto já mencionado do Levítico, e em correspondência a uma crescente devoção popular que ia se difundindo – mais precisamente, a ideia de que quem visitasse o túmulo dos apóstolos Pedro e Paulo receberia uma grande remissão dos pecados –, o Papa concedeu aos peregrinos que nesse ano visitassem Roma uma indulgência plena. Assim era possível fazer uma experiência do perdão dos pecados e da remissão das penas geradas pelo próprio pecado.

É de se imaginar a alegria que os peregrinos daquela época teriam experimentado mediante o fim de um longo caminho percorrido – alguns deles de centenas de quilômetros – em busca de conversão e perdão.

O fato é que essa experiência foi tão exitosa, haja vista a afluência incomum de peregrinos, que o Papa decidiu que a cada 100 anos se deveria celebrar um jubileu ou "Ano Santo" em que se concederia um particular perdão aos peregrinos que fossem até o túmulo dos apóstolos em Roma. Contudo, para o povo, cem anos parecia ser um tempo demasiadamente largo, e por isso o clamor popular fez com que o Papa Clemente VI – Papa entre 1342 e 1352 – aprovasse a celebração de um ano jubilar a cada 50 anos. Posteriormente esses ciclos foram ainda adaptados conforme o entendimento dos Pontífices ou conforme as exigências dos tempos.

De modo muito similar, também na esfera privada, dada a brevidade da vida de cada pessoa, procurou-se adaptar, convencionando-se chamar de "jubileu" também o período de 25 anos, de forma que é muito comum ainda hoje celebrarmos o "jubileu de prata"– no caso dos casais, as "bodas de prata"– de pessoas que dedicaram suas vidas a uma causa religiosa ou civil durante um quarto de século.

2. Espiritualidade mariana: "Fazei tudo o que ele vos disser" (Jo 2,5)

Vimos que celebrar um jubileu é em primeiro lugar reconhecer a ação de um Deus que cria, repousa, liberta, perdoa e ama para além de toda medida. Em um certo sentido, assim como toda celebração litúrgica, o jubileu é um convite a reviver no presente a ação de Deus, que agiu no passado e que continua agindo em nosso presente, em nosso hoje, abrindo uma porta para o futuro, para a nossa esperança. Celebrar um jubileu é sempre um reconhecer e um novo "recomeçar". Ao reconhecermos a ação de Deus na história e em nossas vidas, somos fortemente convidados a "imitar" Deus e, ao fazê-lo, é possível que experimentemos aquilo que é mais característico de um encontro com o Senhor: o recomeço, a festa e a alegria. Nesse sentido é muito curioso que Jesus, durante suas pregações em sua vida terrena, tenha usado com certa frequência a imagem da festa, do banquete, como melhor exemplo para compreendermos o que seria esse encontro com Deus. Em alguns casos, não se trata de uma festa qualquer, mas de um banquete de casamento (cf. Mt 22; 25,1-10; cf. Jo 3,29 e Lc 14,7-11).

Entretanto, para além dessas imagens, o evangelho de João (Jo 2,1-12) nos diz que o Senhor mesmo esteve presente em uma festa de casamento. O episódio é mais que conhecido, por marcar, segundo a visão do evangelista, o início verdadeiro e próprio do ministério de Jesus. Não tivesse estado ali Jesus, certamente não teríamos sequer notícia desse evento. Quando muito, teria sido uma festa como tantas outras, ou talvez estivesse fadada a ficar apenas na recordação daquelas pessoas que nela tinham participado por motivos muito mais prosaicos e negativos, uma vez que, como se sabe, havia o grande risco de um fracasso iminente, já que o vinho da festa estava quase terminado.

No relato não nos são dados todos os detalhes, mas a angústia da fala de Maria, a Mãe de Jesus, evidenciada pela resposta aparentemente ríspida de seu Filho, parece nos dizer que realmente teria sido uma tragédia ou, no mínimo, um vexame, pelo menos de um ponto de vista das relações familiares e dos círculos de amizade.

"Eles não têm mais vinho" (Jo 2,3). Não sabemos como Maria veio a conhecer esse fato, se alguém lhe teria segredado algo ou se ela mesma teria se dado conta do problema. Parece, no entanto, ser uma constatação típica de quem se compadece – eis aí a *Compadecida* – por ter tido que lidar com situações parecidas ao longo da vida e em primeira pessoa: é o olhar de quem passou pelas agruras da vida, de quem conhece a dureza do cotidiano e sabe se colocar no lugar do outro, que é capaz de antecipar as situações de dificuldade que os reveses da vida – e frequentemente a pobreza – geram com facilidade.

E por falar em pobreza, efetivamente os evangelhos chegam a mencioná-la como algo presente na vida da Sagrada Família, quando, por ocasião do oferecimento do sacrifício no Templo em virtude do nascimento do menino Jesus, se diz que Maria e José ofereceram um "par de pombinhas" (cf. Lc 2,24): era a oferta esperada de quem não tinha dinheiro para comprar um animal maior e que estava codificada até mesmo na própria Lei mosaica (cf. Lv 5,7).

Além disso, em algumas passagens dos evangelhos, Maria dá mostras de conhecer muito bem toda a intrincada realidade humana feita de altos e baixos. Se é verdade que ela viveu a pobreza, é igualmente verdadeiro que ela mesma viveu o privilégio único do anúncio do anjo e de ser a Mãe do Messias; não obstante isso, ela não foi poupada de ter que lidar com as dificuldades da vida do dia a dia, de conviver com o medo, a vergonha e, possivelmente, os sofrimentos experimentados por comentários maldosos, aquilo que hoje nós chamaríamos de "bullying", isto é, a intimidação física e psicológica, das pessoas em geral.

De fato, ela era uma simples moça de aldeia que aparecera "de uma hora para outra" grávida (Lc 1,34). Sabemos que foi por uma intervenção divina, mas para aqueles que nada sabiam, isso foi fonte dos mais distintos sentimentos. Com efeito, a Escritura diz que seu marido, José, ao saber do fato, queria abandoná-la (Mt 1,19). O que teriam dito as outras pessoas? Como teriam se comportado? Não sabemos. Mas conhecendo a natureza humana, podemos bem imaginar uma série de situações e insinuações.

Quem sabe se Maria, ao ver aquelas vasilhas destinadas a abrigar uma grande quantidade de água – alguns estudiosos chegaram a calcular cerca de 40 litros – para a purificação das pessoas, não teria também pensado no início de seu matrimônio, em seu marido, na humilhação e no vexame pelos quais, não fossem a ação de Deus e a justeza de José, ela mesma teria passado injustamente diante dos sacerdotes, tendo que tomar a "água amarga" ou "amaldiçoada", conforme o rito previsto e descrito em detalhes na Lei de Moisés (cf. Nm 5,19-28).

O fato é que Maria se compadeceu. Afinal, ela, que sempre foi ajudada pela divina Providência, não iria prestar ajuda? Pede então a intervenção de seu Filho. Ela sabe que ele pode realizar as mesmas maravilhas que Deus outrora realizou em favor de todo seu povo e que, após tanto tempo em silêncio, ele voltava agora a realizar "lembrado de sua Aliança, do juramento feito a Abraão" (cf. Lc 1,72s). Ela mesma era testemunha disso: primeiro o anjo que aparecera a Zacarias (Lc 1,5ss); em seguida a gravidez miraculosa de sua prima Isabel (Lc 1,24); depois, o anjo do Senhor que lhe apareceu com uma palavra divina (Lc 1,26ss). Mais tarde a completa mudança de atitude de seu marido: do firme desejo de José em abandoná-la, ao total convencimento sobrenatural dele em relação ao fato de sua gravidez extraordinária (Mt 1,20ss); e havia ainda muitos outros sinais que ela ia guardando em seu coração (cf. Lc 2,51). É por isso que sua fala é tão confiante; não obstante a resposta de seu Filho, que dizia não ter ainda chegado sua "hora", ela se mantém firme e diz aos servos: "Fazei tudo o que ele vos disser".

a) Maria é a Senhora que nos ajuda a entrar no júbilo

Maria, enquanto judia, filha de seu povo, sabe bem que Deus é o único capaz de enviar sua palavra eficaz sobre a terra (cf. Sl 147), palavra transformadora que cria realidades novas onde nada existe (cf. Gn 1,3ss). Nesse sentido, a mudança da água em vinho mediante a palavra pronunciada por Jesus não é apenas um milagre, um fato maravilhoso fechado em si. É, na verdade, algo muito mais importante: é um sinal. De fato, é assim que o evangelista João chama esses gestos sobrenaturais de Jesus: são sinais que, em virtude de sua natureza, remetem a algo mais grandioso. E o faz com razão, pois enquanto o milagre é algo passageiro – o vinho certamente terá terminado, os cegos certamente terão tido sua visão comprometida pela velhice, o próprio Lázaro, infeliz, teve que se submeter novamente à morte etc. –, o sinal é algo que remete diretamente para o não-provisório, para o definitivo. Sendo assim, a "mudança da água para o vinho" é um sinal claro de novos tempos, sinal de *júbilo* e de grande festa, aliás, de uma festa eterna. Aquilo que parecia perdido, votado ao fracasso, ao vexame, Deus mudou completamente. Graças à ajuda de Nossa Senhora, de sua intercessão junto ao Filho, junto a esse sinal, houve outro, e este, bem maior. Em poucas palavras o evangelista menciona, ao final de seu relato, que os discípulos, tendo visto essa manifestação de Jesus, "creram nele" (Jo 2,12).

Era Deus mesmo quem já convivia com eles há algum tempo, mas eles nada percebiam, pois era um *Deus absconditus* (cf. Is 45,15), um Deus oculto sob a carne humana que estava com eles. Agora, no contexto de uma festa de casamento, e a pedido de sua Mãe, ele se lhes manifestava, suscitando-lhes a fé nessa presença aparentemente escondida de um Deus que faz maravilhas, gerando uma alegria inesperada.

Partimos de algumas considerações sobre o "jubileu", de sua dimensão libertadora, de seu aspecto de encontro com Deus. Vimos que, mediante a ajuda de Nossa Senhora, Deus mesmo, o Cristo Senhor, se manifestou e "deu continuidade à festa" daquelas bodas que estavam "perdidas": uma clara imagem de nossas vidas, às vezes mergulhadas na tristeza, na amargura e na melancolia. Maria, assim como outrora, está hoje pronta para pedir por nós; ela vê que nosso "estoque de vinho" está já no fim, ela percebe claramente que nós não temos mais forças para repor a nossa alegria e a nossa vida. Ela, principalmente aqui em sua casa, a nossa igreja de Itaquaquecetuba, quer nos ajudar sempre: ela intercede por nós, para que o "nosso vinho" não nos falte; para que nossa festa continue e para que, mediante a manifestação do Senhor, possamos ter o dom da fé e, um dia, da alegria eterna.

SEGUNDA PARTE

1. Elementos de história

É assim que chegamos ao jubileu de 400 anos de nossa paróquia dedicada à Mãe de Deus, aqui carinhosamente chamada de a "Senhora d'Ajuda". Cumpre-nos agora apresentar algumas poucas notas de caráter histórico para um melhor aprofundamento na importância e do valor de nossa igreja matriz antiga.

a) O lugar

Os inícios da longa história de nossa paróquia[2] devem ser buscados já no século XVI. A primeira habitação de seres humanos nesse lugar que deu origem ao centro de nossa cidade e, posteriormente, à construção da igreja, com muita probabilidade deve remontar a uma aldeia de indígenas do período pré-cabralino, ou seja, ainda antes da chegada dos portugueses em 1500. Entretanto, somente uma prospecção arqueológica, na esperança de que essa

---

2. Algumas informações mais detalhadas poderão ser encontradas no capítulo intitulado: "A aldeia da capela – Elementos para a história do aldeamento jesuítico de Itaquaquecetuba-SP", in: FRADE, Gabriel (org.), *Antigos Aldeamentos Jesuíticos*, São Paulo, Loyola, 2016, 117-172.

possa encontrar fragmentos de madeira carbonizada de antigas fogueiras, é que poderia nos dar essa certeza por meio do método de datação radiométrica (carbono-14). Contudo, há outros indícios, em nossa opinião fortes o suficiente, que nos autorizam essa suposição.

Nesse sentido, o velho centro de nossa cidade, só pela sua posição, já apresenta de per si uma eloquência ímpar: quantos transeuntes, mesmo na atualidade, vindos dos bairros mais próximos e que se situam naquilo que era a antiga várzea do rio, não sofrem por ter que vencer as ladeiras, algumas bastante íngremes, que dão acesso ao comércio do centro? Esse fato facilmente perceptível, mesmo para quem faz o percurso de carro, foi devido, com muita probabilidade, à extraordinária capacidade de observação da natureza da qual eram dotados os indígenas. Por exemplo, a presença de um cupinzeiro era sinal claro de que ali haveria uma área que não era afetada pelas cheias constantes do rio Tietê. Além disso, a construção de uma aldeia em um lugar mais alto representava um elemento a mais no quesito segurança: havia a presença de várias comunidades nômades no planalto paulista, mais ou menos em permanente estado de belicosidade. Estabelecer uma aldeia na parte alta do relevo significava uma maior facilidade quanto ao avistamento e à defesa contra ataques de inimigos. Isso foi bem comprovado no episódio conhecido como a "guerra de Piratininga" em que o cacique Tibiriçá, em defesa dos padres jesuítas, repeliu um ataque ocorrido na manhã do dia 09 de julho de 1562[3] e que fora desferido contra o núcleo da cidade de São Paulo, mais precisamente, contra o Páteo do Collegio.

Como se sabe, o Páteo está situado até hoje no alto da colina entre os rios Tamanduateí e Anhangabaú, no que talvez fosse o antigo núcleo preexistente da aldeia indígena – visto que há a possibilidade de esta ter se localizado originalmente na colina próxima, na qual está situado atualmente o Mosteiro de São Bento. Curiosamente, o ataque teria contado com a participação da aldeia de Ururaí, que se situava no atual bairro de São Miguel Paulista – embora haja razões para crer que São Miguel se situasse nesse período no que hoje é Itaquaquecetuba[4].

Em todo caso, em seu núcleo primitivo, a velha Itaquaquecetuba – certamente em uma escala muito mais modesta – ostenta uma similaridade com as famosas cidades gregas da antiguidade clássica: é uma cidade construída no alto, uma verdadeira e própria acrópole, assim como é o núcleo primitivo da antiga cidade de São Paulo. Na feliz expressão de Aroldo de Azevedo[5], o grande

---

3. ANCHIETA, José de. *Minhas Cartas. Por José de Anchieta*. São Paulo, Melhoramentos, 1984, 90, 93.
4. Sobre essa questão, ver nosso escrito já mencionado. In: FRADE, Gabriel., op. cit., 135.
5. AZEVEDO, Aroldo, *Subúrbios Orientais de São Paulo. Tese de concurso à cadeira de Geografia do Brasil da Faculdade de Filosofia, Ciências e*

geógrafo da USP, Itaquaquecetuba é um "subúrbio oriental de São Paulo", e traz em sua simplicidade muitas histórias. Basta ter olhos para vê-las.

Sendo assim, outro elemento que corrobora a antiguidade desse antigo núcleo da presença humana é o significativo nome tupi: Itaquaquecetuba. Em sua origem, pelo que se pode perceber nos documentos mais antigos, o nome primitivo deveria ter sido "Taquaquicetuba" e foi formado pela junção de três palavras tupis: *Taqua(ra)*, ou, a "haste furada", a nossa taquara; *quicê*, ou "a faca" e *tyba/tuba*, o sufixo que indica "muito", "abundância"[6]. O prefixo "I" ou melhor, "Y"[7], que indica

---

Letras da Universidade de São Paulo, São Paulo, s. n., 1945. O original dessa tese datilografada pelo próprio autor encontrava-se na Biblioteca Municipal de Itaquaquecetuba. Com razão, nossa biblioteca municipal o tem como patrono, haja vista a proximidade da família Azevedo – que chegou a ter uma propriedade na região – com nossa cidade.

6. Cf. BARBOSA LEMOS, A., *Curso de tupi antigo*, Rio de Janeiro, Livraria São José, 1956; NAVARRO, Eduardo de Almeida. *Método moderno de tupi antigo*. Petrópolis, Vozes, [2]1999; SILVEIRA BUENO, Francisco da, *Vocabulário tupi-guarani*, português, São Paulo, BED, [3]1984.

7. "A prolação do *y* equivalente ao *u* francês ou ao *ü* alemão, som médio entre *i* e *u*. Equivale perfeitamente ao *y* grego. Por esta vacilação temos muitos vocábulos que podem terminar em *y* com valor de *i*: *Juquery, Jundiay, Jacy, Aracy, Guaracy*, ou com valor de *u*: *Anhangabay (Anhangabaú); Indaiatyba (Indaiatuba); Araçatyba (Araçatuba)*; etc.". SILVEIRA BUENO, Francisco da, op. cit., 361; ver também o verbete "Y", na mesma página.

"água", foi incorporado posteriormente como corrupção da língua falada[8]. Há textos que comprovam a utilização de certo tipo de taquara[9] como fonte de extração de lâminas que eram usadas como facas.

Conforme a tradição, o aldeamento de Itaquaquecetuba foi fundado pelo padre José de Anchieta[10] nos idos de 1560. É bem possível que, dada a precariedade daqueles

---

8. Cf. SAMPAIO, Teodoro. *O tupi na geografia nacional*. São Paulo, Companhia Editora Nacional, 1987, 259 e 325. Sabe-se que em 1623 houve outra transferência de indígenas de Itaquaquecetuba para São Miguel Arcanjo.
9. Talvez a taquara da espécie *merostachys speciosa*. O *Códice Costa Matoso*, um escrito datado do século XVIII, se refere à essa taquara, presente igualmente no território de Minas Gerais, do seguinte modo: "Há também o taquaquicé, que quer dizer taquara de faca, porque, rachadas, ficam com o gume como faca de sorte que dão golpes penetrantes, e por esse respeito o gentio delas usam, e aparadas com faca e levemente tostadas ao fogo fazem as pontas de suas flechas com que violentamente trespassam, sendo seus arcos de paus fortíssimos, que desse instrumento se valem para matarem os mais ferozes animais". FIGUEIREDO, Luciano Raposo de Almeida e CAMPOS, Maria Verônica (coord.). *Códice Costa Matoso. Coleção das notícias dos primeiros descobrimentos das minas na América que fez o doutor Caetano da Costa Matoso sendo ouvidor-geral das do Ouro Preto, de que tomou posse em fevereiro de 1749 & vários papéis*. Belo Horizonte, Fundação João Pinheiro, Centro de Estudos Históricos e Culturais, 1999, vol. 1, 784.
10. Para uma biografia desse jesuíta, cf. CARDOSO, Armando, *Vida de São José de Anchieta – Um carismático que fez história*. São Paulo, Loyola, 2014.

tempos, o aldeamento, ou seja, esse ajuntamento de indígenas visando a catequese cristã e, por quanto possível, a liberdade – ainda que tutelada – deles[11], tenha tido altos e baixos. Já em 1563, haveria a notícia de uma epidemia de varíola que teria dizimado boa parte da população indígena, levando ao colapso de aldeamentos inteiros. Parece que esse foi também o caso de Itaquaquecetuba[12].

Em todo caso, sabemos que em 27 de fevereiro de 1610 o padre João Álvares, que teria sido ordenado presbítero pelos idos de 1570 e que era sobrinho neto do cacique Tibiriçá, havia recebido como sesmaria terras que englobavam a localidade de Itaquaquecetuba[13]. Ele era um filho de sua época, o que significa dizer que ele participou ativamente do movimento dos assim chamados "descimentos" dos paulistas aos "sertões" em busca do aprisionamento de indígenas. Isso fez dele um "bandeirante" no sentido que se atribui hoje a essa palavra[14].

---

11. Em nossa modesta opinião, o melhor estudo sobre a questão dos aldeamentos no planalto paulista do período colonial continua sendo a obra de Pasquale Petrone. Cf. PETRONE, P., *Aldeamentos Paulistas*, São Paulo, EDUSP, 1985.
12. Cf. MARCÍLIO, Maria Luiza, *A cidade de São Paulo. Povoamento e População – 1750-1850. Com base nos registros paroquiais e nos recenseamentos antigos*. São Paulo, Pioneira, 1974.
13. Cf. LUÍS, W. *Na Capitania de São Vicente*, Brasília, Senado Federal, 2004, 306-307.
14. Com razão, Leonardo Arroyo o chama de "o grande caçador de índios vestido de batina". ARROYO, Leonardo, *Igrejas de São Paulo*, São Paulo, Companhia Editora Nacional, ²1966, 44.

Acreditamos que esse fato certamente fez dele uma pessoa que teria um difícil relacionamento com os jesuítas, embora nada se tenha de comprovado quanto a isso. Sabemos, por outro lado, que no antigo aldeamento de Itaquaquecetuba, em 1624, ele manda indígenas escravizados construírem uma capela[15] dedicada ao orago de Nossa Senhora d'Ajuda[16] e que, após sua morte, ele deixa

---

15. Aqui há um particular interessante. Havia um antigo costume cristão, observado sempre que possível, de se construir uma igreja direcionada para o sol nascente, para o Oriente. Assim foi construído o Páteo do Collegio e a antiga Sé de São Paulo – a atual foi construída em outra posição. A igreja de Nossa Senhora d'Ajuda, ao contrário, encontra-se voltada, mais ou menos, na direção do Ocidente. Por quê? Difícil uma resposta, do momento que não há algum documento que dê conta desse fato. Uma possível explicação talvez pudesse ser encontrada na questão da segurança: estando mais longe do rio, talvez os construtores tenham entendido que a igreja poderia ficar mais protegida, ou, talvez oferecer maior proteção: as pessoas poderiam ter um pouco mais de tempo para buscar refúgio dentro de seus muros; ou, talvez o mais plausível, construindo assim ela poderia apresentar menos riscos para os construtores, uma vez que estando longe das encostas, haveria um menor risco de desmoronamento de suas fundações.

16. Ver mais abaixo nossas considerações sobre esse orago. A configuração da igreja de Nossa Senhora d'Ajuda com o terreiro defronte (a atual praça), rodeado pelas casas dos índios, dentre tantas considerações – cf., por exemplo, FLEXOR, Maria Helena O., "Terreiros jesuíticos no Brasil", in: FRADE, G., op. cit., 83-112 –, evoca também o tema medieval do *hortus conclusus* e da *fons signatus*, isto é, do *jardim fechado* e da *fonte selada*

essa capela "à Companhia para que com a sua doutrina não só se conservassem os índios, que até então administrara, mas também com a devoção que tem à Senhora, se continuasse sempre em seu auge aquele Santuário, que era o alvo de seus afetos"[17].

Portanto, os jesuítas voltam a administrar esse aldeamento que aparecerá designado nas listas de aldeamentos, na maior parte das vezes, como "capela", talvez como alusão à herança legada pelo padre João Álvares à Companhia a título de reparação. Sabe-se que em 1759 havia a presença de 216 indígenas na "aldeia da Capela" e que havia aí produção de farinha (de mandioca), artefatos de madeira e telhas de cerâmica[18]. Entre o final do século XVI e início do século XVIII, o venerável padre jesuíta Belchior de Pontes passa pelo aldeamento e realiza um

---

presente nos claustros dos mosteiros medievais que, normalmente, possuíam uma fonte em seu centro. Essa concepção do espaço nada mais é do que uma referência à virgindade de Nossa Senhora e baseia-se em afirmações bíblicas (cf. Ct 4,12-16; 5,1). Devemos notar que o tema da fonte de água curiosamente está também ligado a esse orago de Nossa Senhora aqui no Brasil – ver mais adiante.

17. FONSECA, Manuel da, *Vida do venerável Padre Belchior de Pontes*, Lisboa, Francisco da Silva, 1752. Reedição da Companhia Melhoramentos, São Paulo, s. d., 133.
18. LEITE, Serafim. *História da Companhia de Jesus no Brasil*, Tomo VI, Livro IV, cap. VII, São Paulo, Loyola, 2014, 545.

trabalho de restauração da igreja[19]. Os jesuítas permaneceram em Nossa Senhora d'Ajuda até o ano de 1759, quando o padre jesuíta José Martins, o último jesuíta remanescente, foi levado aprisionado até São Paulo e daí para o exílio, em virtude da perseguição desencadeada pelo Marquês de Pombal[20].

Após esse período das origens, o aldeamento entra em um período de estagnação e será acompanhado pelas mais diversas ordens religiosas. De um ponto de vista civil, de desenvolvimento econômico e de incremento da população, Itaquaquecetuba conhecerá um longo momento de ocaso e esquecimento, despertando apenas por volta do século XX com a expansão vertiginosa da cidade de São Paulo e a construção da estrada de ferro que ligou o município à megalópole paulista.

b) A freguesia de Nossa Senhora d'Ajuda

Portanto, comemoramos o jubileu referente ao início da construção da igreja da Freguesia de Nossa Senhora d'Ajuda, movimento capitaneado, por assim dizer, pelo

---

19. FONSECA, Manuel da, op. cit., 133s.
20. CAEIRO, José. *De Exilio. Primeira publicação após 160 anos do manuscrito inédito de José Caeiro sobre os jesuítas do Brasil e da Índia na perseguição do Marquês de Pombal (século XVIII)*, Bahia, Escola tipográfica salesiana, 1936, 259.

padre João Álvares em 1624 por meio da construção do edifício e que assinalou a consolidação do aldeamento de Itaquaquecetuba como um núcleo de povoamento permanente. A palavra "freguesia" parece vir da expressão latina *"filii Ecclesiae"*, que significa "os filhos da Igreja" – em alusão às pessoas reunidas em torno dela –, e seu surgimento está, na verdade, ligado ao processo de expansão do cristianismo ocorrido já em seus primeiros séculos de vida.

Bem organizada nas grandes cidades, a Igreja foi aos poucos entrando também na vida dos *"pagus"*[21], isto é, de um ponto de vista administrativo, naquelas pequenas comunidades agrícolas presentes em território rural, afastadas, portanto, dos grandes centros urbanos. Na península ibérica, em particular, esses núcleos foram se reunindo em torno de igrejas e eram caracterizados por serem pequenas áreas urbanas separadas por bosques ou florestas umas das outras, bem como dos centros

---

21. De origem indo-europeia, a palavra evoca a fixação do marco de fronteira fincado no chão. É bem provável que venha daí o termo "pagão". É coisa sabida que no âmbito rural as tradições, especialmente as religiosas, perduram por mais tempo, estão como que "fincadas" nas mentes e nos corações. O cristianismo ocidental teve que se confrontar mais longamente com a religião de raízes greco-romanas nessas localidades, reforçando assim a ideia de uma "religião pagã", isto é, que ainda permanecia viva nos "pagos".

urbanos. Essa organização se espalha por toda a Europa e é daí que vai surgindo também o termo "paróquia"[22]. Oriunda da língua grega, essa palavra vai indicando, ao lado de "freguesia", também o lugar em que se reuniam os *filii Ecclesiae* para a recepção dos sacramentos. Ora, existindo essa reunião de pessoas por motivos religiosos, havia também a oportunidade de comércio – algo, aliás, bem presente em Itaquaquecetuba; por décadas a fio, o centro comercial se concentrou apenas no centro da cidade – e é precisamente daí que surgirá a palavra "feligrês", posteriormente transformada em "freguês", para indicar o "cliente de um comércio".

Tornando à nomenclatura eclesiástica de "freguesia", esta foi adotada em Portugal e no Brasil como divisão territorial administrativa. No Brasil, especialmente com o fim do regime do padroado e o advento da República, ela caiu em desuso, permanecendo apenas o termo eclesiástico "paróquia". "Freguesia" continuou sendo usada, mas por razões de memória histórica, como indicativa

---

22. Παροικία (*paroikía*) é a estadia ou estabelecimento num país estrangeiro e πάροικος (*pároikos*) se diz daquele que mora perto, que é vizinho; ou mais precisamente se diz do estrangeiro domiciliado em cidade ou país, sem direitos políticos. Portanto, há uma ideia de provisoriedade. Os cristãos tinham plena ciência e convicção que a "pátria" cristã não é deste mundo (cf. 1Pd 2,11; 1Cor 7,31); a realidade mundana é apenas transitória e que todos somos peregrinos rumo às moradas eternas (cf. Jo 14,2).

de um bairro: Freguesia da Escada, Freguesia do Ó etc. Em Portugal, ainda hoje permanece o termo com um sentido de divisão administrativa.

Portanto, a antiga nomenclatura de "freguesia", com o fim do regime do padroado, cedeu seu lugar ao termo "paróquia", usado até hoje pela igreja para indicar aquela porção da Igreja particular em que os fiéis se reúnem habitualmente para as celebrações, a catequese e a ação caritativa da Igreja. Sendo assim, talvez fique mais claro que as comemorações que este IV centenário tem presente não se referem ao início da evangelização no aldeamento de Itaquaquecetuba, que começou com a ação dos jesuítas e com a fundação feita pelo padre José de Anchieta em 1560 (= celebração do aniversário da cidade). Referem-se a esse segundo momento do aldeamento, em que houve a consolidação do povoamento mediante a construção da atual igreja de Nossa Senhora d'Ajuda, em 1624, e sua posterior elevação à "freguesia", que hoje chamamos de "paróquia", ocorrida no ano de 1779[23].

---

23. "1779 – Data da fundação da paróquia (pela autoridade religiosa)". *Livro do Tombo Nossa Senhora d'Ajuda: 1873-1886*, Arquivo da Cúria Diocesana de Mogi das Cruzes, 1.

2. Os oragos da paróquia

"Orago. Do latim *oraculu*, [...] O santo da invocação que dá nome a uma capela ou templo [...]"[24]. Assim explica o termo "orago" o Dicionário Aurélio da Língua Portuguesa. Já a outra expressão, bem mais conhecida e utilizada, "padroeiro", vem do latim *"patronus"* e tem o sentido de "protetor". Nos textos abaixo alternaremos o uso dessas palavras para indicar os santos que mantêm alguma relação com a nossa paróquia, por meio da explanação de alguns elementos de história hagiográfica, isto é, de história dos santos.

a) A padroeira principal: Nossa Senhora d'Ajuda

O orago, ou melhor, a nossa padroeira principal, Nossa Senhora d'Ajuda, é uma das primeiras invocações marianas no Brasil.

A história nos diz que há exatos 475 anos, no ano de 1549, aportou na costa do sul da Bahia a armada de Tomé de Sousa, o primeiro governador-geral do Brasil. Conforme o costume da época, cada nau que fazia

---

24. FERREIRA, Aurélio Buarque de Holanda, *Novo Dicionário Aurélio da Língua Portuguesa*, verbete: "orago", Curitiba, Positivo, p. 1444.

parte dessa expedição era dedicada a um santo. As três principais tinham, cada uma, sua própria designação: uma estava dedicada ao "Salvador"; e as outras duas estavam dedicadas à Nossa Senhora sob as invocações de "Conceição" e "Ajuda", respectivamente.

Nessa mesma expedição, vieram também os primeiros seis padres jesuítas – os padres Leonardo Nunes, João de Azpilcueta Navarro, Vicente Rodrigues, Antônio Pires e o irmão Diogo Jácome – todos chefiados pelo padre Manuel da Nóbrega. Esses jesuítas trouxeram à terra a imagem de Nossa Senhora d'Ajuda e logo se encarregaram de construir-lhe uma pequenina igreja. Não muito tempo depois, essa devoção em torno a essa Senhora deu nome para um dos primeiríssimos santuários marianos no Brasil: o Arraial de Nossa Senhora d'Ajuda, ainda hoje existente e em pleno funcionamento no litoral do sul da Bahia.

Desse modo, a devoção à Nossa Senhora d'Ajuda no Brasil começa com a chegada dos jesuítas que, para onde quer que se dirigissem nas terras brasileiras, levavam sempre consigo a devoção à Virgem Maria. É razoável supor que na memória dos irmãos ocupava um lugar de destaque Nossa Senhora d'Ajuda, haja vista a "ajuda" concedida logo nos primeiros tempos mediante o surgimento milagroso de uma fonte de água nas proximidades da igreja da Ajuda na Bahia que ajudou a matar a sede dos padres.

Efetivamente em São Paulo e nos caminhos que conduziam às Minas Gerais encontram-se algumas igrejas que estão dedicadas à Senhora do Bonsucesso e à Senhora d'Ajuda, duas invocações ligadas ao ciclo da busca do ouro, de per si perigosa, visto que muitos dos que empreendiam essas viagens não mais voltavam para suas casas. Assim, era natural que a invocação "d'Ajuda" estivesse nos lábios e nos corações daqueles devotos que viviam em perene estado de necessidade e perigos: apenas a Mãe do Senhor podia ser invocada como aquela capaz de ajudar e oferecer um consolo nas horas mais difíceis em que a saudade, a fome, a doença e a solidão se faziam sentir com mais vigor.

Por outro lado, se os jesuítas foram os primeiros a trazerem a devoção, é importante salientar que esse culto devocional de veneração – e nunca de adoração! – não nasce com eles. De fato, até onde se pode saber, a devoção é de origem medieval. Frei Agostinho de Santa Maria, em uma obra escrita no início do século XVIII[25], atribui o

---

25 SANTA MARIA, FREI AGOSTINHO DE. *Santuário Mariano, a história das imagens milagrosas de Nossa Senhora, e das milagrosamente apparecidas, em graça dos pregadores & dos devotos da mesma Senhora. Tomo Primeiro, que comprehende as Imagẽs de Nossa Senhora, que se venerão na Corte, & cidade de Lisboa, que consagra, offerece, e dedica à Soberana Imperatriz da Gloria, Maria Santissima, debayxo de seu milagroso titulo de Copacavana*. Lisboa: Na Officina de Antonio Pedrozo Galrão, 1707, 179.

surgimento dessa invocação ao início do século XI, quando estourara uma epidemia em Portugal que ia matando boa parte da população, e entre ela também vários monges e eremitas. Reproduzimos o texto, adaptado, em que o Frei narra de maneira singela os eventos:

> ...pelos anos de 1193, reinando em Portugal D. Sancho, o I, sobreveio a esse reino uma tão cruel e grande peste que morreram por causa dela quase todos os nossos eremitas que naquela casa [o mosteiro de São Julião] viviam. Era nesse tempo tida em grande veneração naquela mesma casa uma devotíssima e milagrosa imagem da Mãe de Deus, que operava grandes milagres e maravilhas em todos que buscavam seu favor e amparo. Temendo os religiosos que haviam ainda escapado do contágio, que vindo a morrer todos, se perdesse a memória dela, determinaram de a levar ao convento de Alcobaça, porque havia nele um grande número de religiosos e ainda que já do mesmo contágio eram muitos mortos [isto é, já tinham morrido vários monges], julgaram que alguns escapariam, que tivessem cuidado do culto e veneração que se devia àquela Senhora.
>
> Com esse intento partiram do Mosteiro dois religiosos [...] e com o parecer dos demais levaram a Santa Imagem, e como iam tão infeccionados pela

peste, antes de chegar ao Convento de Alcobaça, pararam em um lugar alto, meia légua do mesmo convento; para que descansando ali por alguns dias, entrassem com mais saúde e melhorados em Alcobaça. [...] antes de morrer vendo-se impedidos para poderem levar (como desejavam) a Santa Imagem ao convento de Alcobaça, considerando que em breve seguiriam o caminho dos demais [que iriam morrer], fazendo muitas orações a Nosso Senhor e à Senhora, para que lhes inspirassem o que deviam fazer daquela Santa Imagem, para que não ficasse por morte de todos naquele lugar sem a devida veneração, ou exposta a alguma irreverência, se resolveram, não sem inspiração (segundo piamente se pode crer) em a esconder no mesmo sítio em que estavam, dentro de uma lapa de pedras soltas a modo de Ermida, que para isto lhe formaram colocando-a ali com a maior decência e reverência que lhes foi possível, pedindo a Nosso Senhor e fiando de sua providência e do cuidado que tem do culto das Imagens de sua Santíssima Mãe, faria com que, passada a peste, ou pelo tempo adiante fosse descoberta e tornasse à sua antiga veneração.

Parece que ouviu o Senhor as orações dos seus servos porque muitos anos depois que eles morreram, e quando já nem vestígios havia das cabanas em que se haviam recolhido, foi achada a venerável imagem da Senhora na mesma lapa em que fora posta pelos seus devotos eremitas. Naquele mesmo lugar, em que a Senhora apareceu, lhe edificaram os fiéis uma formosa ermida e depois por causa do aparecimento da Senhora se edificou a Vila de Cela. E porque não sabiam o título, nem a invocação que a Senhora havia tido, a começaram a invocar com o título de Nossa Senhora da Ajuda[26].

Conforme a crônica de Frei Agostinho, o alastrar-se do contágio forçou um pequeno grupo de eremitas a esconderem uma estátua de Nossa Senhora em uma pequena lapa, "em um alugar alto", por medo de, ao morrerem – pois sentiam que estavam já contaminados pela peste –, a Senhora ficar abandonada, exposta a algum tipo de vilipêndio ou desonra. Ainda segundo a mesma crônica, tendo de fato morrido os monges e passados muitos anos, os fiéis reencontraram miraculosamente essa mesma estátua "de pedra, pintada de cores, e ouro à antiga [e que] tem o Menino Jesus nos braços"[27]. Não sabendo como ela se chamava e ao perceberem a grande ajuda que ela fornecia aos seus devotos, começaram a chamá-la de "Nossa Senhora d'Ajuda". Esse fato ocorrido

---

26. Idem.
27. Idem, 179.

próximo à região do grande mosteiro português de Alcobaça foi marcado pela presença, ainda hoje, de uma capelinha dedicada à Nossa Senhora d'Ajuda. O mesmo Frei ainda dá também uma motivação de caráter teológico ao dizer que o título "d'Ajuda" provém também do fato de a Virgem Maria ter estado aos pés da cruz em que seu Filho foi crucificado. Segundo consta, Maria esteve ali nem tanto para consolar Jesus Crucificado, mas muito mais para implorar ao Pai eterno a redenção de toda a humanidade, de modo que "assim, enquanto seu Filho oferecia a vida pelos homens, ela achou que poderia *ajudar* pedindo pelos pecadores".

Sabemos que aos poucos essa devoção foi se estendendo por boa parte do território português e era com frequência invocada pelos marinheiros que, como ninguém, conheciam os perigos e a fragilidade da vida humana diante do mar imenso, especialmente nos momentos de tempestade. É por isso que encontramos a nau dedicada à Nossa Senhora d'Ajuda na esquadra de Tomé de Sousa.

Em Itaquaquecetuba, a presença da Senhora se refaz aparentemente à construção da igreja que, assim como no Arraial da Ajuda, na Bahia, situa-se em um lugar alto. Os documentos antigos falam da grande estima que o padre João Álvares nutria pela Senhora, mas, sabendo que essa devoção tinha origens jesuíticas, não se pode excluir também a possibilidade de que seu culto em Itaquaquecetuba seja anterior à presença do próprio padre João Álvares, e que possa ter começado com os jesuítas. Mas sobre isso, nada se pode afirmar categoricamente.

Por outro lado, há alguma probabilidade de que a antiga estátua de Nossa Senhora d'Ajuda de Itaquaquecetuba tenha sido feita pelo famoso santeiro, o monge beneditino Frei Agostinho de Jesus (nasceu e morreu aproximadamente entre 1600-1661), o qual, segundo análises recentes, poderá ter sido também o autor da estátua de Nossa Senhora de Aparecida. Há características nessa estátua que convergem com outras feitas pelo Frei e das quais se tem a autoria acertada. Em todo caso, apenas um processo meticuloso de restauração, previsto para o futuro, poderá trazer mais luzes sobre essa questão. Caso seja feita por Frei Agostinho, é mais provável que a devoção em Itaquaquecetuba tenha chegado pelas mãos do padre João Álvares.

Ainda quanto à devoção em Itaquaquecetuba, o antigo livro do tombo guardado na Cúria Diocesana narra a chegada dessa mesma estátua após um curto período fora da igreja, em vista de uma restauração mandada fazer fora. As páginas presentes nesse livro falam dos festejos e da empolgação da população que, no século XIX, acorreu até a entrada da cidade para acompanhar a imagem de sua padroeira, transportada de Mogi das Cruzes até Itaquaquecetuba com toda pompa possível:

> Qual contento não causou no coração religioso deste povo na chegada de sua Augusta Padroeira, é impossível descrever. No dia vinte e sete do mês de dezembro de mil oitocentos e oitenta e cinco, acompanhada pela multidão de gente da cidade de Mogi das Cruzes e achando-se uma multidão de pessoas da freguesia, às quatro horas da tarde comparecia na capelinha [...] a gloriosa imagem de Nossa Senhora...[28]

É notável que, após 400 anos de história, essa devoção mariana tenha se mantido firme e, ao que tudo indica, ainda se manterá assim para o futuro.

Por fim, gostaríamos de salientar algumas felizes coincidências entre os oragos de Nossa Senhora d'Ajuda e Nossa Senhora da Conceição Aparecida, a padroeira do Brasil.

Em primeiro lugar, as duas invocações chegam, em um certo sentido, juntas ao Brasil: como já dito, uma das naus da esquadra de Tomé de Sousa estava dedicada à Nossa Senhora da Conceição, uma referência à devoção da Imaculada Conceição, isto é, ao fato de Maria ter nascido sem a mancha do pecado original. É curioso que

---

28. *Livro do Tombo Nossa Senhora d'Ajuda: 1873-1886*, Arquivo da Cúria Diocesana de Mogi das Cruzes, 35. Alteramos a grafia para facilitar a leitura.

essa devoção, tão antiga e arraigada no povo, não contava com o favor de muitos teólogos[29], já que estes entendiam que essa questão poderia colocar em xeque o dogma da Redenção de Cristo (Maria não teria tido necessidade da Redenção Universal?). Contudo, a devoção manteve-se firme e após várias discussões de caráter teológico-mariano, o Papa Pio IX, em 1854, declarou solenemente o Dogma da Imaculada Conceição[30]. Como se sabe, esse título "Conceição" está presente no orago de nossa padroeira nacional: "Nossa Senhora da Conceição Aparecida". Outras felizes coincidências se dão ainda em relação aos lugares e ao modo de encontro dessas imagens. No caso de Nossa Senhora d'Ajuda, parece que ela "gosta" dos lugares altos, como foi o caso do relato mais antigo constante na crônica de Frei Antônio e como foi no primeiro santuário mariano a ela dedicada no Arraial da Ajuda; por fim, esse é também o caso de nossa paróquia,

---

29. Ver, por exemplo, os comentários feitos por Santo Tomás de Aquino, na *Suma Teológica* (*S. Th. III, q. 27, a.2*).
30. Papa Pio IX, Bula *Ineffabilis Deus* de 8 de dezembro de 1854. Nesse documento o Papa proclama no número 18: "Declaramos, afirmamos e definimos que tenha sido revelada por Deus e, de conseguinte, que deve ser crida firme e constantemente por todos os fiéis, a doutrina que sustenta que a santíssima Virgem Maria foi preservada imune de toda mancha de culpa original no primeiro instante de sua Concepção, por singular graça e privilégio de Deus onipotente, na atenção aos méritos de Jesus Cristo, salvador do gênero humano".

que se encontra no alto da colina. Na narrativa de Frei Antônio fala-se de uma estátua escondida e que reaparece sem que se conhecesse sua invocação original; consequentemente, o povo lhe atribui um nome, naquele caso, o nome "d'Ajuda". Em Guaratinguetá, a estátua estava também escondida, mas "no baixo", no fundo de um rio. Reencontrada, não se sabia qual era "seu nome", eis que lhe é atribuído o nome de "Aparecida".

Há ainda dois fatos importantes a ligarem essas duas invocações. Os caminhos que levaram em 1717 os humildes pescadores João Alves, Felipe Pedroso e Domingos Garcia a encontrar a imagem de Nossa Senhora da Conceição Aparecida no fundo do rio Paraíba do Sul também passaram, de certo modo, por Itaquaquecetuba.

De fato, Dom Pedro de Almeida Portugal e Vasconcelos, o Conde de Assumar, que era o governador indicado pela Coroa portuguesa para todo o Brasil, tendo saído de São Paulo em direção às Minas Gerais para uma visita de inspeção, fez o caminho que todos faziam naquela época: foi subindo a correnteza do rio Tietê e fez uma parada aos pés de uma ladeira íngreme. Ali parou para descansar e para rezar na igreja que ficava no alto da colina: era a nossa igreja de Nossa Senhora d'Ajuda[31].

---

31. "Diário da jornada que fes o Exm°. Senhor Dom Pedro desde o Rio de Janeiro athe a Cide. de São Paulo, e desta athe as Minas Anno de 1717". In: Revista do SPHAN, III, 1939, 306. Cf. a reprodução do texto do manuscrito, in: FRADE, Gabriel, op. cit., 149.

Foi acolhido com festa e entrou na igreja para suas orações, junto com a comitiva. Continuando viagem, alguns dias depois ele chegou na Vila de Santo Antônio de Guaratinguetá para participar de um banquete. Não sabemos se ele se inteirou disso, mas os peixes que foram servidos naquela ocasião foram produto de uma pesca fora do comum, em que se pescou também uma Senhora que milagrosamente apareceu nas redes dos humildes pescadores e que a devoção popular chamaria de "Aparecida".

Por fim, se comprovados os indícios de que a nossa antiga estátua de Nossa Senhora d'Ajuda poderia ter sido feita pelo Frei Agostinho de Jesus[32], então as coincidências são realmente espantosas.

b) São Benedito, o mouro

Quando falamos de Itaquaquecetuba, de sua antiga história, normalmente se faz referência aos indígenas das várias etnias que por aqui passaram. Mas é igualmente necessário dizer que a presença africana das pessoas negras que chegaram ao Brasil em virtude da escravização perpetrada pelos colonizadores certamente foi um

---

32. Uma descrição minuciosa da antiga imagem d'Ajuda encontra-se no artigo do Prof. Dr. Percival Tirapeli: TIRAPELI, Percival. "A Virgem de Itaquaquecetuba", in: FRADE, Gabriel, op. cit., 173-187.

elemento de grande importância também para nossa cidade, especialmente em seu aspecto religioso. Entretanto, deve-se dizer que ainda falta uma pesquisa junto às fontes – arquivos públicos, cartórios, arquivos eclesiásticos – para que mais luzes possam iluminar esse aspecto do passado do nosso aldeamento de Itaquaquecetuba.

O que se pode dizer, de modo geral, é que há um dúplice aspecto na relação entre a Igreja Católica e a história da presença africana no Brasil. O primeiro diz respeito à tristeza, posto que a Igreja no Brasil, refletindo o pensamento da sociedade colonial em que estava inserida, por um longo período aceitou e justificou a escravização de seres humanos. Mesmo entre os jesuítas, árduos defensores dos indígenas – e, de certo modo, uma vanguarda na Igreja do período colonial –, não se encontrou propriamente o mesmo espírito em relação aos "negros da Guiné", termo depreciativo usado para indicar escravizados de origem africana – haja vista que os indígenas escravizados eram chamados de "negros da terra". A história nos legou textos em que se chega até mesmo a justificar a condição da escravidão dos negros como um "bem" em vista da salvação eterna.

Ainda que se utilize a necessária hermenêutica para uma leitura mais aderente ao contexto histórico desses textos antigos, deve-se logo dizer que são páginas muito tristes de nossa história, na medida em que escravizar uma pessoa *sempre será escravizar alguém*. Mas visto que

Deus é capaz de curar as feridas (cf. Jr 30,17) e "porque ele faz o bem mesmo em todos os males de qualquer espécie"[33], também nessas situações de exploração e de pecado, Deus suscitou santidade e histórias de grande dignidade. Por esse motivo, insere-se aqui o segundo aspecto ligado à Igreja Católica, e esse sem dúvida mais positivo: o surgimento e a manutenção das Irmandades leigas formadas por pessoas negras. Diferentemente das "Ordens terceiras", isto é, as congregações de leigos e/ou leigas subordinadas a uma Ordem religiosa (por exemplo, os dominicanos, carmelitas, beneditinos, franciscanos), as Irmandades eram regidas pelas *Ordenações do Reino*, ou seja, um conjunto de legislações emanadas pela Coroa Portuguesa. Desse modo, esses grupos tinham uma maior liberdade na medida em que estavam subordinados diretamente às autoridades civis e não propriamente às autoridades eclesiásticas, haja vista que o clero só as poderia visitar mediante a licença da Coroa, por estarem sujeitas à sua proteção[34].

De algum modo, esses grupos muito bem organizados representavam uma força, um "respiro" na condição

---

33. Santo Agostinho, *Contra Iulianum, Lib. IV, 2.* CSEL 85,1; PL 45.
34. Cf. *Ordenações e leis do Reino de Portugal.* Coimbra, Real Imprensa da Universidade, ^{10}1833, § 42, 238. Assim o foi até pelo menos a publicação, em 1719, das Constituições Primeiras do Arcebispado da Bahia. Cf. Da Vide, Sebastião Monteiro, *Constituições Primeiras do Arcebispado da Bahia*, Brasília, Senado Federal, 2011 (Edição fac-símile).

dos homens e mulheres que, em virtude da cor de sua pele, padeciam a indignidade da escravidão. Por outro lado, as Ordens terceiras e as Irmandades representavam a sociedade colonial com sua estratificação. Uma coisa era ser branco, os assim chamados "homens bons da terra", outra era ser pardo – como era o caso do famoso artista e arquiteto Antônio Francisco Lisboa, o Aleijadinho – e outra ainda era ser negro. Cada categoria social tinha seu lugar reservado em determinadas Ordens terceiras ou mesmo Irmandades.

As Irmandades de Nossa Senhora do Rosário, Santo Antonio de Categeró, Santo Elesbão, Santa Efigênia e São Benedito – dentre outras mais – eram as devoções tradicionalmente mantidas pelos negros e negras. Em Itaquaquecetuba, a devoção a São Benedito é relativamente antiga. No início do século XX temos a informação no livro do Tombo da paróquia, custodiado na Cúria Diocesana de Mogi das Cruzes[35], de que o local de sepultamento dos membros dessa Irmandade leiga voltada à veneração de São Benedito se situava no que é hoje a

---

35. "Em 1910 o Vigário padre Affonso Zartmann, CSR, ampliou a Capela-mor, mandou fazer uma nova sacristia no lugar que era antigamente o cemitério das Irmandades. Destas irmandades existe hoje somente a de S. Benedicto". *Livro do Tombo Nossa Senhora d'Ajuda, 1916 até o corrente*, Arquivo da Cúria Diocesana de Mogi das Cruzes, 4.

atual sacristia da igreja velha[36]. Essa informação pode nos autorizar a pensar que a devoção seria ainda mais antiga e não seria inimaginável crer que ela já existisse no final do século XVIII[37]. Além disso, o local de sepultamento é um possível indicador da importância e da força da Irmandade, já que se considerava que quanto mais próximo do altar ou da capela-mor fosse a sepultura, mais importante ou significativo para a comunidade eram as identidades dos falecidos ou sua pertença a determinado grupo, neste caso, a Irmandade.

Quanto à figura de São Benedito, o mouro (ou o negro), embora seu culto fosse já bastante antigo, o curioso é que sua canonização ocorreu oficialmente apenas no século XIX[38]. Apesar desse reconhecimento oficial

---

36. Isso não deve causar espanto, pois o mais comum, no Brasil colônia, era o sepultamento dentro das igrejas. A ideia de sepultar em cemitérios foi algo exigido pelo poder público apenas a partir do século XIX. Cf. a esse propósito o trabalho de PAGOTO, Amanda Aparecida, *Do âmbito sagrado da Igreja ao cemitério público. Transformações fúnebres em São Paulo (1850-1860)*, São Paulo, Arquivo do Estado, 2004.
37. O culto de veneração a São Benedito no Brasil é bastante antigo. Há notícias de que havia uma Irmandade de pessoas negras no Rio de Janeiro que lhe tributavam culto já em 1639. Cf. SOARES, Mariza de Carvalho, *Devotos de cor, identidade étnica, religiosidade e escravidão no Rio de Janeiro*, Rio de Janeiro, Civilização Brasileira, 2000.
38. A canonização ocorreu sob o pontificado do Papa Pio VII, em 1807, por meio da Bula *Civitatem sanctam* e a demora se deu por várias questões, inclusive de caráter político. Cf. FIUME, Giovanna.

tardio, sua fama de milagreiro fez com que o povo mantivesse acesa a convicção de sua santidade já por ocasião de sua morte[39], ocorrida na cidade de Palermo, no sul da Itália, em 1589.

Ao que parece, a origem de Benedito[40] remonta à Etiópia. Seus pais eram descendentes de escravos que haviam sido levados para o sul da Itália e que haviam sido libertos pela família de seus senhores, os Manassari. A data de nascimento de Benedito é incerta, mas terá ocorrido entre os anos de 1524 e 1526 na aldeia de San Fratello, no sul da Itália. Na infância, trabalhou como pastor e agricultor e, aos poucos, foi sentindo o chamado para a vida religiosa. Inicialmente, por volta de seus vinte anos, foi viver como eremita, vivendo uma vida de renúncias e de muita oração. Logo sua fama de bondade e santidade começou a se espalhar e ele viu-se afastado de seu ideal de vida solitária, já que diariamente muitas

---

Il Santo Moro – O processi di canonizzazione di Benedetto da Palermo (1594-1807), Milano, Franco Angeli, 2002.

39. Algo de muito similar poderá acontecer aqui no Brasil com a figura de padre Cícero Romão Batista: apesar da morosidade dos canais oficiais da Igreja, o povo mantém a firme convicção de sua santidade. Sobre padre Cícero, ver SOUZA, Ney de, e ASSUNÇÃO, Elinaldo Cavalcante, *Padre Cícero e a questão religiosa de Juazeiro*, São Paulo, Loyola, 2020.
40. Para este relato usamos a obra de BARROS, Cleusa M. Matos de, *São Benedito: um santo negro. Vida de São Benedito narrada para o homem de hoje*, São Paulo, Paulinas, ⁴1989.

pessoas o procuravam para ter algum remédio para seus males espirituais e corporais. Não demorou muito e começaram a falar de milagres promovidos por ele. Diante desse "assédio", frei Benedito não teve outro remédio senão procurar o refúgio de um convento. É assim que ele foi ter com os Freis Capuchinhos no convento de Santa Maria, na cidade de Palermo. À exceção de um pequeno período vivido em outro convento, frei Benedito viveu quase que toda sua vida conventual em Santa Maria, local onde veio a falecer no ano de 1589. Tendo sido pobre e lavrador, frei Benedito não teve possibilidades de estudar. Entrou no convento sem saber ler e escrever; por esse motivo, os irmãos o designaram para os serviços mais humildes, especialmente o serviço de cozinheiro – é por esse motivo que tantas cozinhas no Brasil possuem uma imagem de São Benedito.

Em seus trabalhos cotidianos demonstrava sempre grande sabedoria no trato com as pessoas em geral, especialmente com seus coirmãos de convento. É devido a essa característica que, após alguns anos, toda a comunidade conventual o escolhe como superior da casa, apesar de ser iletrado, negro e leigo. Desnecessário dizer que, ao saber de sua eleição, ele correu até seus superiores e implorou para ser dispensado dessa responsabilidade, dizendo que havia sido eleito sem o desejar. Apesar de suas súplicas, visto que ele tinha uma sabedoria outra, que os livros não podiam fornecer, foi conduzido ao cargo de superior. Tal qual verdadeiro sábio analfabeto, frei Benedito levou adiante sua função com humildade, governando por sua oração e seu exemplo. Apesar de ser iletrado, era capaz de explicar passagens da Bíblia e de questões relativas à teologia e à moral de modo que muitos ficavam boquiabertos, sem saber como esse homem simples podia explicar coisas tão elevadas. Certamente era algo de natureza sobrenatural. Em várias ocasiões, frei Benedito deu mostras de possuir um dom especial de ler os corações: muitas vezes as pessoas se aproximavam dele e, antes mesmo que pudessem falar algo, ouviam de sua boca palavras de esclarecimento e de consolação em relação aos problemas que viviam em seu íntimo. Testemunhas de seu processo o descreveram como alguém que vivia a pobreza: andava descalço, com um velho hábito remendado, dormia sem colchão e, mesmo no frio do inverno, sem cobertores. Consta que ele era devoto de São Miguel Arcanjo, de São Pedro, São Paulo, São Francisco de Assis e, especialmente, de Nossa Senhora e o Menino Jesus.

De fato, na iconografia tradicional ele é representado segurando o Menino Jesus em seus braços. Diz-se que diante de uma imagem de Nossa Senhora, situada na igreja do convento, frei Benedito passava horas em profunda oração. Em um desses momentos, milagrosamente a imagem de Nossa Senhora lhe ofereceu o Menino para que frei Benedito o acalentasse em seus braços. E assim, frei Benedito ia transcorrendo um bom tempo, brincando com o Menino, até que o sino do convento tocasse para as reuniões comunitárias. Para não se atrasar, dizem que Benedito correu para a Virgem e colocou apressadamente o Menino em seus braços. Curiosamente, dizia-se que essa estátua de Nossa Senhora apresentava em seu colo um Menino "desarrumado", como se alguém o tivesse colocado ali apressadamente...

No ano de sua morte, em 1589, após um período de sofrimento que durou quase um mês, um dos frades do convento, ao vê-lo deitado de olhos fechados e imóvel, resolveu colocar em suas mãos, conforme o costume, uma vela acesa, acreditando-o já morto. Quando já estava para pôr a vela, ouviu de frei Benedito: "Meu filho, ainda não chegou a hora. Quando chegar, eu aviso...".

Após seu sepultamento, em uma vala comum e sem honras, conforme ele mesmo pedira à sua comunidade religiosa, a notícia de sua morte se espalhou. A população correu então para o convento de Santa Maria e, entrando na cela do santo, recolheu tudo o que lá havia, no afã de ter em posse uma relíquia do santo, tal era a devoção que as pessoas nutriam por frei Benedito. Com isso, quase que desapareceram por completo as relíquias do santo. Parece que esse desejo humilde de não procurar os primeiros lugares, de "desaparecer" tal qual o fermento dentro da massa, foi cumprido na vida de São Benedito ao máximo. Além desse fato ocorrido logo após a sua morte, mais recentemente, no dia 26 de julho de 2023, houve uma tragédia sem precedentes: um grande incêndio se espalhou pela igreja de Santa Maria – segundo os meios de comunicação italianos, suspeitou-se de uma ação criminosa –, que consumiu quase que totalmente as relíquias do corpo de São Benedito que ali repousava desde o início do século XVII. Apenas alguns fragmentos de ossos sobreviveram à fúria das chamas.

Apesar de todos os reveses, a devoção a São Benedito continua firme. Em nossa igreja nova ele tem sua estátua assegurada ao lado de Nossa Senhora d'Ajuda, além do belo mosaico colocado próximo à porta do salão paroquial. Não é difícil, ao entrar na igreja, ver algum fiel que ainda hoje lhe dirige suas preces. Certa vez um frei franciscano do convento italiano onde estão guardados os últimos fragmentos do corpo de São Benedito, ao se referir à firme devoção que nós brasileiros mantemos em relação a ele, disse: "Se dependesse de mim, o corpo de São Benedito estaria no Brasil!"[41].

---

41. Cf. FRANGUELLI, Bruno, "São Benedito: um dos santos mais amados pelos brasileiros", disponível em: https://www.vaticannews.va/pt/igreja/news/2021-10/sao-benedito-um-dos-santos-mais-amados-pelos-brasileiros.html, acesso em 16 jul. 2024.

c) São José de Anchieta

Elemento fundamental nos primeiros anos da história do Brasil, a Companhia de Jesus, fundada em 1540 por Santo Inácio de Loyola (1491-1556)[42], se fez presente em nosso território nacional no ano de 1549, por meio da chegada do primeiro grupo liderado por Manuel da Nóbrega. Alguns anos mais tarde, em 1553, chegava ao Brasil, então com apenas 19 anos, o jovem irmão e membro da Companhia José de Anchieta[43]. Ele nascera em São Cristóvão da Laguna, uma localidade da Ilha de Tenerife, uma das ilhas do arquipélago das Ilhas Canárias, no dia 19 de março do ano de 1534. Ao ter completado quatorze anos, foi enviado pela família, junto com seu irmão mais velho, para estudar no Colégio das Artes, ligado à Universidade de Coimbra, em Portugal. Desde muito cedo, Anchieta se revelou um ótimo aluno, compondo versos em latim com alguma facilidade. Seus colegas

---

42. Para a história de Santo Inácio, cf. RIBADENEIRA, Pedro de. *Vida de Santo Inácio de Loyola, fundador da Companhia de Jesus*. São Paulo/São Leopoldo, Loyola e Unisinos, 2021 e SANTO INÁCIO DE LOYOLA, *O Relato do Peregrino (Autobiografia)*, São Paulo, Loyola, 2006. Para a história da Companhia de Jesus, cf. ECHANIZ, Ignacio. *Paixão e Glória – História da Companhia de Jesus em corpo e alma*, 4 vol., São Paulo, Loyola, 2006.

43. Sobre José de Anchieta, cf. CARDOSO, Armando, *Vida de São José de Anchieta*, São Paulo, Loyola, 2014.

de turma logo o apelidaram de o "Canário de Coimbra", uma alusão à sua terra natal.

Foi nesse período de sua vida que o jovem Anchieta conheceu um novo grupo religioso que havia sido fundado por um parente seu, Inácio de Loyola. No colégio em que estudava havia alguns alunos desse novo agrupamento que se denominava "Companhia de Jesus". Nas conversas com esses colegas, Anchieta ouviu falar da evangelização que São Francisco Xavier, um dos primeiros companheiros de Inácio de Loyola, estava fazendo no extremo Oriente. É de se imaginar que seus olhos brilhassem ao ouvir as tantas histórias contadas pelos jesuítas sobre a chegada do anúncio do evangelho em terras tão distantes, em que cristão algum havia posto pé até então. Essas histórias deviam soar ao jovem canarino como um evangelho redivivo: era como se os Apóstolos do Senhor estivessem presentes novamente, em carne e osso, cumprindo o mandamento perene do Senhor: "Ide, então, e fazei de todos os povos discípulos" (Mt 28,19). Quem sabe nessas conversas com os jesuítas ele, Anchieta, tenha tido contato com os *Exercícios Espirituais*[44], um texto que Santo Inácio havia escrito e que era fruto de uma experiência mística que ele havia tido às margens do rio Cardoner, na Espanha. Esse texto servia (e serve)

---

44. Santo Inácio de Loyola, *Exercícios Espirituais*, São Paulo, Loyola, [14]2015.

como base para a espiritualidade de toda a Companhia de Jesus, mas também para todo aquele que deseje ter uma iluminação da própria vida diante do mistério de Deus. Em certo momento da experiência dos *Exercícios*, Inácio propunha a famosa meditação sobre as "duas bandeiras", a de Cristo e a de Lúcifer, e a necessidade de se fazer uma escolha:

> 136 – Quarto dia.
> Meditação das duas bandeiras, uma de Cristo, chefe supremo e Senhor de todos nós, a outra de Lúcifer, inimigo mortal de nossa natureza humana. Oração preparatória habitual.
> 137 – O 1º preâmbulo é a história. Será aqui como Cristo chama e quer a todos debaixo de sua bandeira, e Lúcifer, ao contrário, debaixo da sua.
> 138 – O 2º preâmbulo é a composição, vendo o lugar. Será aqui ver um grande campo de toda aquela região de Jerusalém, onde o supremo chefe dos bons é Cristo nosso Senhor. Outro campo, na região de Babilônia, onde o caudilho dos inimigos é Lúcifer.
> [...]
> 147 – Um colóquio a N. Senhora para me alcançar graça de seu Filho e Senhor, para que eu seja recebido debaixo de sua bandeira: 1º) em suma pobreza espiritual, e, se sua divina Majestade for

> servida e me quiser escolher, também em pobreza atual; 2°) em passar opróbrios e injúrias, para nelas mais o imitar, contanto que as possa levar, sem pecado de nenhuma pessoa nem desprazer de sua divina Majestade. [...]⁴⁵

Diante das histórias em torno da missão evangelizadora e de um texto como esse, só podemos imaginar um jovem José de Anchieta sentir em seu coração fortes apelos do Espírito. Aos poucos foi galvanizando em sua consciência a convicção de que ele era chamado para "as coisas do alto" (cf. Cl 3,1-4). O fato é que o jovem entra na Companhia de Jesus no dia primeiro de maio do ano de 1551. Como noviço, ele continua seus estudos no Colégio das Artes. Nesse período começa, de certo modo, o seu "opróbrio e injúria" pelo Senhor: acidentalmente uma pesada escada cai sobre suas costas. Desde esse momento ele sofre dores atrozes em sua coluna: ficará encurvado e, pelo menos nesse primeiro período, até mesmo seu caminhar havia se tornado difícil. As dores eram tantas que ele se viu na necessidade de interromper seus estudos.

A medicina daquela época, com pouquíssimos recursos, o havia desenganado: não haveria cura para suas dores. Foi nessa situação que começou a surgir a ideia

---

45. Idem, 82ss.

de que os ares do Brasil poderiam ajudar na recuperação de sua saúde. Além disso, o ideal da evangelização certamente estava presente no coração de Anchieta e havia também os apelos dos companheiros jesuítas para que outros irmãos se juntassem à pequena missão estabelecida alguns anos antes nas terras brasileiras. É assim que em 1553, dois anos após ter entrado na Companhia de Jesus, Anchieta parte do Rio Tejo, em Lisboa, em uma nau com destino a uma terra completamente desconhecida. Os riscos eram muito grandes: tempestades, naufrágios, perder o rumo e ficar no oceano à deriva, mas a vontade de escutar o chamado do Senhor era muito maior. Foram quase dois meses de travessia do Atlântico Sul, mas no dia 13 de julho de 1553, a armada de Duarte da Costa chega à costa do Brasil. Com ela havia a comitiva do pequeno grupo de jesuítas chefiado pelo padre Luís da Grã; sua missão: reforçar os dois primeiros grupos que haviam chegado alguns anos antes. A primeira estadia do jovem Anchieta no Brasil foi em Salvador, na Bahia. Um de seus primeiros trabalhos foi aprender a língua dos indígenas. Após poucos meses, em outubro daquele ano, Anchieta foi mandado junto com o padre Leonardo Nunes para São Vicente, no litoral sul do Brasil. Após várias peripécias durante essa viagem, eles chegam no dia 24 de dezembro de 1553. Consta que Anchieta e Nóbrega se conheciam dos tempos de Coimbra: só podemos imaginar a alegria do reencontro desses dois velhos conhecidos em um fim de mundo como deveria ser São Vicente no século XVI...

Em 1554, Anchieta e Nóbrega empreendem a longa subida da Serra do Mar com o objetivo de chegar ao planalto paulista. Ali havia uma confluência de caminhos que os indígenas percorriam e, na visão estratégica de Nóbrega, era fundamental estabelecer um posto da Companhia ali, como forma de melhor operacionalizar a evangelização. Em 25 de janeiro de 1554, celebra-se uma missa na pequena capela improvisada. A partir dessa data começa de modo mais metódico a evangelização no planalto que fará brotar aldeamentos ao longo do rio Tietê, como forma de catequização dos indígenas. É assim que, em 1560, Anchieta funda o aldeamento de Itaquaquecetuba.

As atividades de Anchieta em favor dos indígenas eram variadas, mas a ajuda e o desvelo no atendimento dos males físicos e do espírito que afligiam os indígenas levaram-nos a apelidar esse jovem estrangeiro: para eles, ele era o *Payé-guaçú*, ou o *Grande pajé*. Nesse período, Anchieta se descobre teatrólogo – ou seja, é quando surgem suas primeiras peças de teatro com escopo catequético –, mas descobriu também que era professor, carpinteiro, agricultor, enfermeiro, músico, engenheiro – haja vista o famoso caminho do padre José, que é hoje aproximadamente o traçado da Rodovia Anchieta –, linguista e tantas outras coisas conforme a necessidade impunha.

Por pouco mais de dez anos Anchieta permanece na região de São Paulo, e em 1565 ele é enviado para o Rio de Janeiro, para desempenhar uma missão junto aos portugueses que se preparavam para a luta contra os franceses. Nesse período ele é ordenado presbítero pelas mãos do segundo bispo do Brasil, Dom Pedro Leitão e, em seguida, volta para a região de São Paulo, onde fica por outro longo período. Em 1570 há o falecimento do padre Manuel da Nóbrega, notícia que deixa Anchieta abalado. De 1577 a 1587 ele é o Provincial dos jesuítas no Brasil. Nesse período, faz grandes andanças de norte a sul do país. De 1588 a 1597 é superior dos jesuítas em Vitória, no Espírito Santo, e faz ainda visitas às casas religiosas da Companhia no Rio e em São Vicente. Os últimos anos de sua vida foram em Reritiba, atual Anchieta, que se localiza no Estado do Espírito Santo. Faleceu no dia 9 de junho de 1597 com sessenta e três anos de idade. Foi enterrado na igreja de São Tiago, ao lado do Colégio da Companhia de Jesus. Em 1609, a pedido do padre geral Cláudio Acquaviva, seus ossos foram levados para a igreja do Colégio da Bahia. Em 1617 foi iniciado o processo de canonização. Em 1736 foi declarado *venerável*, pelo Papa Clemente XII. Infelizmente, com a perseguição desencadeada pelo Marquês de Pombal e com a supressão da Companhia, o processo ficou parado. Apenas no ano de 1980 São João Paulo II o declararia como bem-aventurado. Em 03 de abril de 2014, Papa Francisco o declarou santo[46]. Neste ano do Jubileu de 400 anos de Nossa Senhora d'Ajuda, comemoramos os dez anos da canonização de São José de Anchieta.

São José de Anchieta viveu por quarenta e quatro anos no Brasil, investindo toda sua vida pelo bem das almas e para a "Maior Glória de Deus".

Há alguns anos, o reitor do Páteo do Collegio, o padre jesuíta Carlos Alberto Contieri, como sinal de estima, fez a doação de um pequeno fragmento de osso de São José de Anchieta custodiado na igreja do Páteo. Neste ano de

---

46. Nesse sentido é interessante dizer que partiu de Itaquaquecetuba a movimentação para a redação de uma carta solicitando ao "Papa jesuíta", o Papa Francisco, a canonização de São José de Anchieta. Em 2013, logo após a eleição de Papa Francisco, junto com meu saudoso amigo, o professor Dr. Benedito Lima de Toledo, surgiu a ideia de escrevermos uma carta assinada por alguns "notáveis", solicitando à sua Santidade a canonização do Apóstolo do Brasil. A carta (vide anexo 4 neste livro) foi feita e, por algumas fontes, soube que foi entregue diretamente nas mãos do Papa Francisco. Se foi por causa disso ou não, talvez nunca se saiba, mas o fato é que poucos meses depois houve o anúncio da canonização "equipolente" (ou extraordinária) de São José de Anchieta. Outro fato extraordinário ocorreu quando da entrega das relíquias de São José de Anchieta para a paróquia: nas discussões sobre em qual altar colocar a estátua e as relíquias de Anchieta, escolheu-se o altar lateral situado à direita de quem entra na igreja. Qual não foi a surpresa ao se encontrar no nicho onde iria ser colocada a estátua uma pequena placa de madeira, com uma inscrição referente a José de Anchieta, o fundador de Itaquaquecetuba (vide imagem a seguir).

> "Ó mãe santíssima... Enquanto entre os tamoios conjurados, Pobre retém tratava as suspiradas pazes. Tua graça me acolheu em teu materno manto e teu véu me velou intactos corpo e alma.
>
> A inspiração do céu. Eu muitas vezes desejei penar e cruelmente expiar em duros ferros, mas sofreram merecidas repulsas meus desejos: Só à Virgi Compete tantas glórias".
>
> Padre José de Anchieta
> Fundador de Itaquaquecetuba
> Ano de 1560

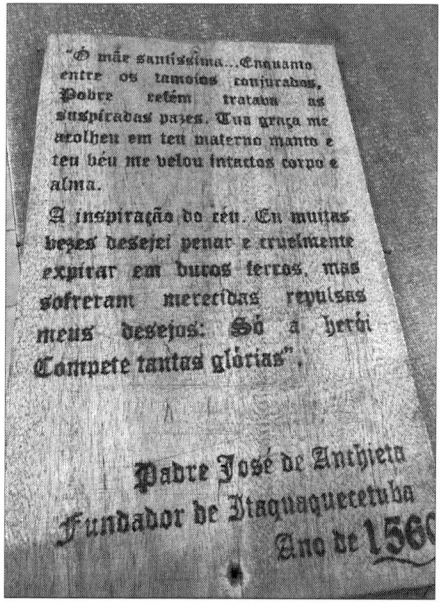

Placa encontrada no nicho em que foram colocadas a estátua e as relíquias de São José de Anchieta. (Foto: acervo pessoal)

2024, durante os festejos do Jubileu de 400 anos da Paróquia Nossa Senhora d'Ajuda, essa relíquia foi entronizada no altar lateral da igreja velha, o qual passou a ser dedicado a São José de Anchieta. A partir desse momento, ele passou a ser copadroeiro de nossa Paróquia.

Nossos mais sinceros agradecimentos à toda a Companhia de Jesus, ao seu Provincial, o padre Mieczyslaw Smyda e, particularmente, ao padre Contieri, reitor do Páteo do Collegio, pela grande generosidade em ceder uma relíquia do Apóstolo do Brasil para nossa Paróquia. Que São José de Anchieta interceda por todos nós junto a Deus

Pai, para que, motivados pela sua presença e pela comemoração do Jubileu dedicado à Nossa Senhora d'Ajuda, possamos percorrer como ele os caminhos da santidade.

d) Festa de Santa Cruz

Embora não seja relacionada a um dos padroeiros da Paróquia, a Festa de Santa Cruz merece ser citada em virtude de sua importância histórica.

No dia 3 de maio, antes da reforma litúrgica realizada pelo Concílio Vaticano II, era celebrada a "invenção da Santa Cruz", sendo que aqui a palavra "invenção" não tem o sentido que geralmente se atribui em seu uso moderno, mas vem da palavra latina *"inventio"*, que significa "descoberta", "reencontro". É uma referência à descoberta da cruz de Jesus feita por Santa Helena, a mãe do imperador Constantino, ocorrida em Jerusalém ainda no início do século IV. Mas, para além dessa descoberta, é também a comemoração da Paixão do Senhor, isto é, da sua vitória sobre a morte e o pecado mediante a morte na cruz, sua ressurreição e ascensão aos céus.

Atualmente, do ponto de vista do calendário litúrgico, essa celebração foi transladada para a data de 14 de setembro, em virtude da celebração feita por outras Igrejas históricas, que nesse dia celebravam a festa da Exaltação da Santa Cruz. Entretanto, de um ponto de vista da piedade popular, pode-se manter a comemoração da data de 3 de maio, conforme era o uso no calendário tridentino.

Seja como for, é uma celebração muito antiga na Igreja e, no Brasil, encontrou formas particulares de expressão. Ao que parece, fez parte dos elementos catequéticos usados pelos jesuítas na catequese de indígenas, o que não representa propriamente uma novidade, já que o tema da cruz sempre fez parte da pregação cristã, desde os seus primórdios (cf. 1Cor 1,23s).

A consciência da salvação operada por meio da cruz de Cristo é um elemento que também suscita alegria nos fiéis. Nesse sentido, é curioso notar que as primeiras representações da cruz de Cristo na arte cristã antiga tendem a representá-la como algo precioso, coberto de pedras preciosas, enfatizando o elemento positivo ligado à cruz[47] – nos primeiros séculos de todo o primeiro milênio não se há coragem de representar a cruz com toda a sua crueza, isso ocorrerá mais tarde, no início do segundo milênio.

Em Itaquaquecetuba e em Carapicuíba, dois aldeamentos jesuíticos, permaneceu a memória da Festa da Santa Cruz, ou "Santa Joaçaba" em tupi. Para os índios, pronunciar a palavra "cruz" representava certa dificuldade,

---

47. Esse elemento positivo, como eu mesmo pude testemunhar no passado, também pode ser entrevisto nos festejos em honra à Santa Cruz realizados em Itaquaquecetuba, do momento que as casas da área próxima à igreja que desejavam ter a dança diante de suas portas, apresentavam uma cruz enfeitada com flores e iluminada com velas.

por isso não era incomum encontrar a pronúncia "Santa Curuçá"; aliás, essa deve ser a origem do nome do bairro paulista da zona leste chamado "Vila Curuçá".

Em todo caso, a festa era acompanhada por uma dança e cantos especiais, além de bebidas típicas; alguns desses usos se mantiveram com maior variedade no aldeamento de Carapicuíba, ao passo que em Itaquaquecetuba a memória da festa foi ficando cada vez mais "diluída", tendo uma retomada apenas mais recentemente. Há uma descrição da festa em nossa paróquia feita pela pesquisadora Oneyda Alvarenga em 1936:

> A festa da Santa Cruz é celebrada a 3 de maio. A dança é executada à noite por um grupo de homens que, tendo dançado primeiro em frente à igreja, vai dançar depois em frente à porta das casas da vila. Tal como eu a pude ver em Itaquaquecetuba em 1936, a Dança da Santa Cruz consiste apenas numa roda, de que os componentes se movem sapateando e batendo palmas ao som das violas. Os cantos precedem cada fase da dança e têm sempre texto religioso. Deles se encarregam dois violeiros cantadores e dois cantadores ajudantes, chamados "tipe" e "contrato" (tiple e contralto). O violeiro principal (voz mais grave) tira a melodia e o 2º violeiro entra logo após. Ambas as vozes se movem com absoluta liberdade rítmica e sem nenhuma fixidez sonora, de um modo que participa ao mesmo tempo da fala

musicalizada, do grito e do canto. Ao chegar ao fim dessa espécie de invocação, nas últimas quatro notas, os outros dois cantores se juntam a eles, as vozes agudas em falsete, reforçando a nota conclusiva com um prolongado acorde completo de tônica, que se estende dramaticamente como um grande brado na noite[48].

Ainda sobre a festa de Santa Cruz, reproduzimos a descrição feita por Câmara Cascudo:

> A devoção à Santa Cruz ainda é comum no Brasil. Dança em louvor da Santa Cruz. Realiza-se na vila de Itaquaquecetuba, em São Paulo, na noite de 2 para 3 de maio, uma festa popular em homenagem à Santa Cruz, o cruzeiro em face da matriz. Não há intervenção eclesiástica. O povo dirige sua manifestação como entende. Reunidos, rezam diante da Santa Cruz, ajoelhados e contritos os fiéis. O "capelão", que é um paisano [isto é, um leigo], canta versos religiosos em louvor:
>
> Santa Cruz desceu do céu,
> com seu rosário na mão;

---

48. ALVARENGA, Oneyda. *Música Popular Brasileira*. Rio de janeiro/Porto Alegre/São Paulo, Globo, 1960, 206-207.

> Abençoai nossa planta
> também nossa criação!
> Gloriosa Santa Cruz,
> nossa mãe e padroeira;
> com sua divina graça
> consolai o mundo inteiro
>
> Santa Cruz desceu do céu,
> com seus braços abertos,
> para perdoar nossos pecados
> que trazemos encobertos[49]

O verbete continua descrevendo outros detalhes interessantes sobre o canto e a dança. Um em particular chama a atenção, o fato de, no canto, comparecer um "ó agudíssimo, em falsete, muito prolongado, lembrando o grito indígena"[50].

Estes 400 anos de Jubileu poderiam ser um momento propício para que toda a nossa paróquia pudesse começar a reviver essa antiga tradição, e quem sabe assim ela não poderia se tornar até mesmo uma espécie de "marca registrada" de nosso município, tão carente de elementos identitários.

---

49. Verbete "Santa Cruz", in: Cascudo, Luís da Câmara. *Dicionário do Folclore Brasileiro*, Belo Horizonte, Itatiaia, ⁵1984, 692.
50. Idem.

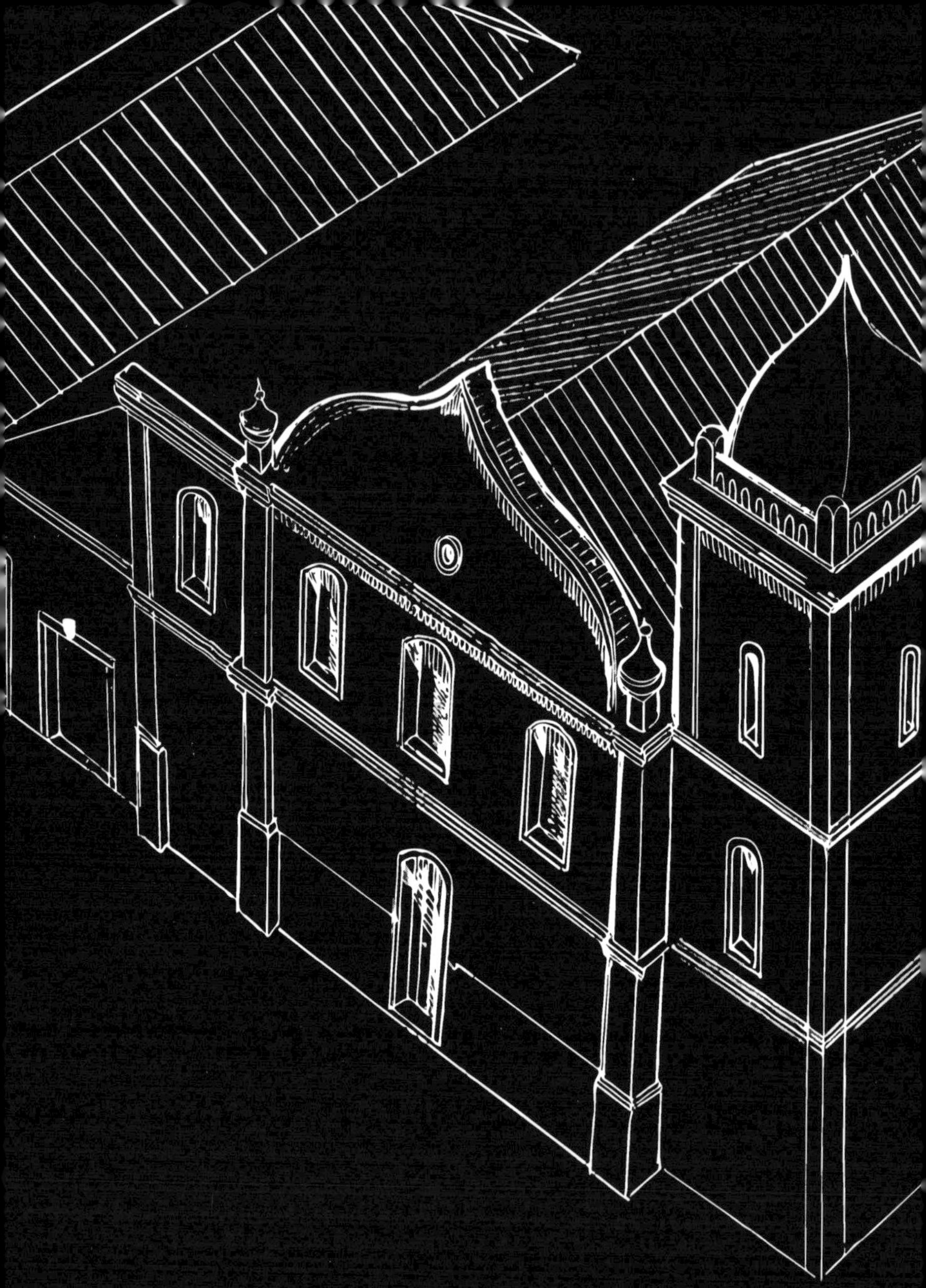

IV

Homenagem aos padres falecidos

*Senhor, que na terra confiastes o sagrado ministério
aos vossos servos, os presbíteros, concedei-lhes
no céu exultarem eternamente revestidos de glória.*
Missal romano

"*Caro salutis est cardo* – A carne é o eixo da salvação"[1]. A todos os padres já falecidos que trabalharam pela nossa paróquia, particularmente aos padres Sandro Evangelista, Gerasimo Ciaccia e Giovanni Cosimati, que em sua passagem pela nossa Comunidade paroquial deixaram marcas profundas nesta geração que celebra o Jubileu dos 400 anos de Nossa Senhora d'Ajuda. A eles o nosso agradecimento cordial e as nossas devidas homenagens. Também uma justa lembrança e agradecimentos ao padre Jefferson Calidônio André: nascido e criado em Itaquaquecetuba, sua morte precoce, pouco tempo após sua ordenação, causou grande comoção em toda a paróquia. Assim como os padres Sandro e Giovanni, seu corpo está sepultado em nossa cidade.

> Cremos firmemente – e assim esperamos – que, da mesma forma que Cristo ressuscitou verdadeiramente dos mortos e vive para sempre, assim também, depois da morte, os justos viverão para sempre com Cristo ressuscitado e que ele os ressuscitará no último dia. Como a ressurreição de Cristo, também a nossa será obra da Santíssima Trindade: "Se o Espírito daquele que ressuscitou Jesus dentre os mortos habita em vós, aquele que ressuscitou Cristo dentre os mortos vivificará vossos corpos mortais, pelo seu Espírito que habita em vós" (Rm 8,11)[2].

---

1. TERTULIANO, *De resurrectione mortuorum*, 8, 2: CCL 2,931 (PL 2,852).
2. *Catecismo da Igreja Católica*, n. 989.

(Foto: acervo pessoal)
Pe. Sandro Evangelista Pereira
15-12-1974 *   04-05-2007 †

(Foto: acervo pessoal)
Pe. Gerasimo Ciaccia
08-01-1930 *   27-04-2009 †

(Foto: acervo família Calidônio)
Pe. Jefferson Calidônio André
10-01-1995 *   06-11-2022 †

(Foto: acervo pessoal)
Pe. Giovanni Cosimati
10-11-1935 *   19-06-2024 †

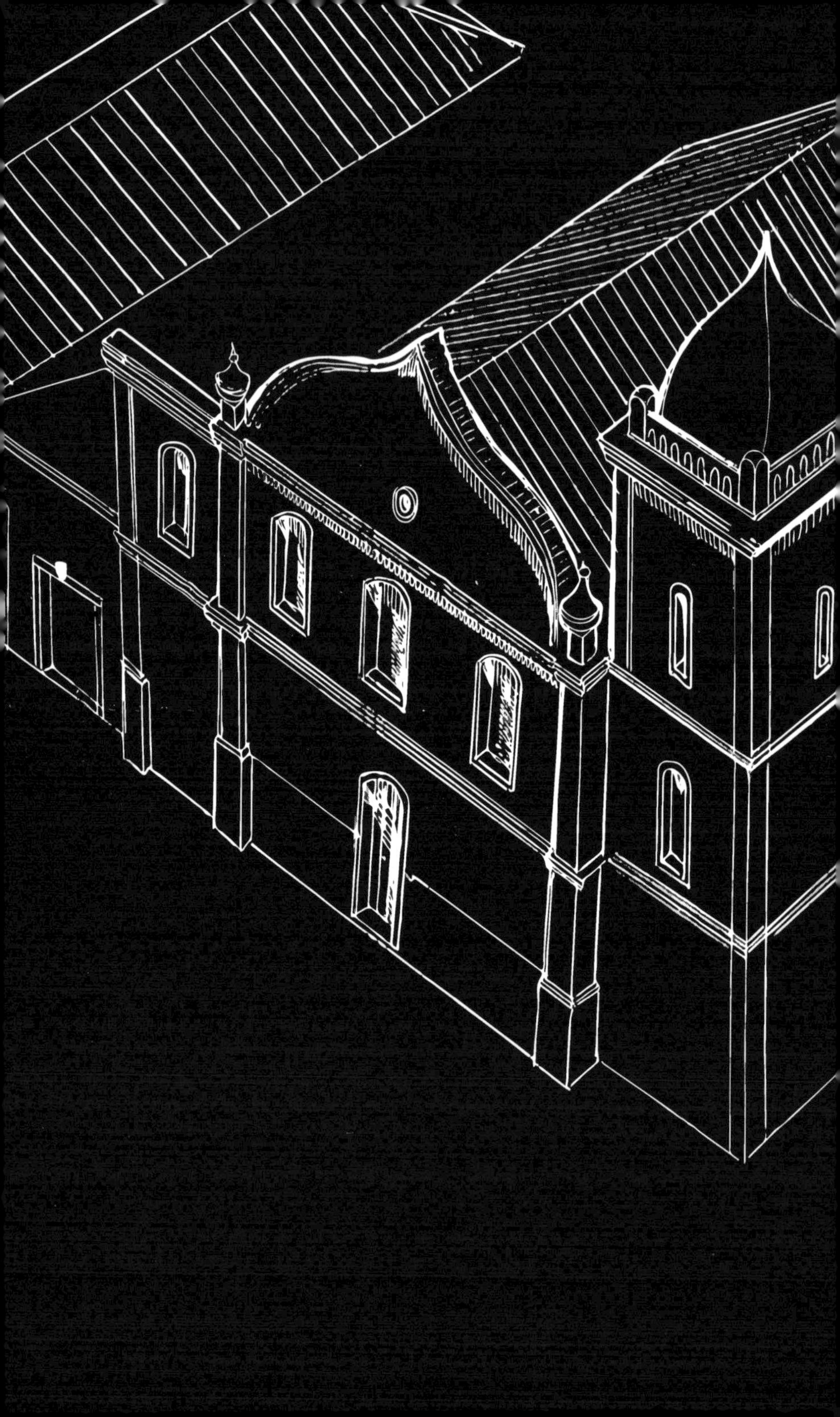

V

Testemunhos

*E como possuímos o mesmo Espírito de fé,
conforme aquilo que está escrito:
"acreditei e por isso falei",
nós também cremos,
e por isso falamos*
(2Cor 4,13)

Testemunho de Dom Pedro Luiz Stringhini, bispo da Diocese de Mogi das Cruzes

D. Pedro Luiz Stringhini
(Foto: Cúria Diocesana de Mogi das Cruzes)

Mogi das Cruzes, 16 de julho de 2024
Festa da Bem-aventurada Virgem Maria do Monte Carmelo

Revmo. padre Luiz Renato de Paula, fiéis da Paróquia Nossa Senhora d'Ajuda, autoridades e munícipes do município de Itaquaquecetuba – SP,

desde a minha primeira visita à Diocese de Mogi das Cruzes, fui ouvindo relatos da história dos dez municípios, com destaque para o município de Itaquaquecetuba, por sua dimensão geográfica, boa localização, numerosa população e sua realidade econômica.

Ao mesmo tempo, e de modo especial, constatei a expressiva manifestação de fé do povo católico, ao demonstrar seu grande amor a Jesus Cristo e sincera devoção a Nossa Senhora, particularmente sob os títulos de Aparecida, padroeira do Brasil, e d'Ajuda, padroeira de todos os itaquaquecetubenses.

Os padres sempre se referem a Itaquaquecetuba com carinho e entusiasmo. Hoje, o município conta com dezesseis paróquias, cada qual com suas comunidades eclesiais e pastorais.

Nestes onze anos à frente da Diocese de Mogi das Cruzes, tive sempre a alegria de estar presente, no dia 08 de setembro, na festa da cidade e da padroeira Nossa Senhora d'Ajuda.

Para meu ministério episcopal, é enriquecedor viver a devoção a Nossa Senhora junto ao povo católico que irradia seu amor à Mãe de Deus e nossa, lotando a praça padre João Álvares, expressando publicamente a fé.

Também recordo das celebrações do sacramento da crisma, onde 832 jovens e adultos foram confirmados na fé, lembrando também os aniversários de ordenações e ainda celebrações exequiais, como a do padre Jefferson Calidônio André, filho da Paróquia Nossa Senhora d'Ajuda. E recentemente a emocionante chuva de pétalas de rosas lançadas das recém-restauradas janelas da igreja histórica sobre o féretro do padre Giovanni Cosimati, carinhosamente chamado pelos fiéis de "Apóstolo de Itaquá".

A Igreja Nossa Senhora d'Ajuda tornou-se um marco para toda a Diocese de Mogi das Cruzes, ao demonstrar que, com união e firmeza, podemos preservar e restaurar nossos templos.

Quando cheguei, a igreja histórica, que hoje é Patrimônio Artístico e Cultural do município, estava fechada. Logo que assumiu a Paróquia, padre Luiz Renato iniciou as obras de restauro e recuperação, com a mobilização e auxílio dos fiéis. Reaberto para as celebrações após anos fechado, o templo, restaurado e entregue aos paroquianos, retrata uma Igreja viva, que mantém todas as suas celebrações eucarísticas e devocionais, com atividades pastorais e formativas, evangelizando através de suas estruturas arquitetônicas e da arte sacra.

A igreja Nossa Senhora d'Ajuda é para mim e para toda a Diocese de Mogi das Cruzes uma preciosidade.

Ao longo destes 400 anos, a igrejinha viu, do alto do monte onde se encontra, a Região do Alto Tietê crescer às margens do leito do rio Tietê. Casa de oração, tornou-se casa de acolhida e refúgio aos filhos de Deus, quando sobem o monte para escapar das águas que invadem a cidade no período de chuva, mas também para pedir e agradecer o pão de cada dia e para celebrar a vida, dom de Deus. Do alto do Campanário, o soar do sino lembra a todos que "Deus habita esta cidade" (Sl 47,9).

Dom Pedro Luiz Stringhini
Bispo Diocesano

Testemunho de Ludovina Pacheco

(Foto: acervo pessoal)

Sou Ludovina Pacheco, viúva. Tenho 94 anos, 8 filhos, 8 netos e 2 bisnetas.

Vim de Portugal e cheguei no navio Vera Cruz no Porto de Santos, em 1958. Logo em seguida vim para Itaquaquecetuba, com as minhas duas filhas mais velhas, que vieram junto comigo. O meu marido, Adelino dos Santos Frade, já estava à minha espera. Cheguei, portanto, quando tinha 28 anos. Meu marido chegou antes de mim e já trabalhava na região com o meu pai e alguns dos meus irmãos. Com suas economias ele conseguiu construir uma casa para nós em Itaquá, lugar onde moro até hoje.

No início a adaptação foi difícil, mas através do carinho e da atenção de meu marido fui me adaptando ao Brasil. Entretanto, a fé que nós tínhamos foi a maior ajuda na formação da família. Foi assim que criei oito filhos – hoje, todos formados – e Deus me deu a graça de um dos meus oito filhos ser padre.

Sempre fui muito ativa em nossa Igreja. Por muitos anos pertenci ao Apostolado da Oração, com particular devoção ao Coração de Maria, fui ministra extraordinária da Comunhão e, também fiz uma experiência de fé no Caminho Neocatecumenal, que até hoje me ajuda em minha velhice rodeada pelos irmãos de fé e pela família que Deus me deu.

Principalmente, agradeço a Deus por me ter dado esta família de irmãos e irmãs na comunidade de fé e de fraternidade do Caminho Neocatecumenal, na paróquia de Nossa Senhora d'Ajuda.

Sou uma mulher agraciada por Deus. Além da família que Deus me deu, tive a grande alegria de ter dado um testemunho que foi comentado pelo Papa Francisco[1].

---

1. PAPA FRANCISCO, *Sabedoria das idades – Papa Francisco e amigos*. São Paulo, Loyola, 2018. Cf. também reportagem de 04 nov. 2018 do programa "Fantástico" da rede globo de televisão, em https://www.youtube.com/watch?v=uy3YRxA4zyw, acesso em 24 jul. 2024.

Além disso, tenho outro grande testemunho da ação de Deus na minha vida e de Nossa Senhora d'Ajuda, a grande companheira na viagem da minha história.

O meu segundo filho brasileiro esteve muito doente quando tinha uns três aninhos. Teve uma pneumonia dupla e estava muito mal. Eu pedi a Deus e a Nossa Senhora d'Ajuda que, se ele escapasse com vida, eu faria de tudo para que ele seguisse os passos da vocação sacerdotal, caso fosse de seu agrado. Rezei muito. Hoje está curado e bem; tem 63 anos de idade. Sempre lhe perguntei se desejava ser padre, mas ele me respondia que não era a sua vocação! Então, rezei em meu coração para que Deus fizesse o que fosse melhor. Como bem o sabeis, Deus, em sua bondade, me respondeu! Com grande alegria, outro filho brasileiro, o Paulinho, me deu a alegria de ordenar-se padre. Vi, portanto, que Deus realizou os desejos daqueles que lhe pedem com fé!

Hoje tenho a alegria de viver esta data tão festiva dos 400 anos da criação de nossa querida igreja, sob a proteção de Nossa Senhora d'Ajuda. Ver minha família abençoada com tantos dons, filhos e netos é uma grande alegria. Não me arrependo da confiança, da esperança e da fé que a Virgem Maria me concedeu. Agora me preparo de forma calma e tranquila à passagem que farei para a Pátria Eterna ao lado dos Santos e Anjos do Senhor, junto de Maria e seu Filho Jesus Cristo. Amém!

Testemunho do padre Paulo Frade

(Foto: acervo pessoal)

Neste jubileu, como tantas outras vozes em nosso meio, quero render graças a Nossa Senhora d'Ajuda, assim como à nossa paróquia sob os auspícios de seu patronado. Sou padre Paulo Frade, tenho 59 anos, e agora sou vigário paroquial de Nossa Senhora d'Ajuda. Meus pais são portugueses, tenho sete irmãos, todos vivos, alguns casados e outros solteiros.

Nasci e me criei em Itaquá, estudei nas Escolas Benedito Vieira da Mota e Homero Fernando Milano, ambas em Itaquá, onde conclui os ensinos Fundamental e Médio. Cursei Geografia na Universidade de Mogi das Cruzes e me formei professor, lecionando em Poá e Itaquá, particularmente, nas Escolas Benedito Vieira da Mota e Professora Edina Alvares Barbosa.

Meus pais sempre foram muito católicos e, desde os idos de 1950, participavam na vida litúrgica em nossa paróquia. Todos, como família, sempre participávamos da vida sacramental paroquial. Aí, junto com meus irmãos, recebi todos os sacramentos. Com a chegada de minha maioridade a fé foi se arrefecendo, seja pela influência do mundo, trabalho, escola, e tantos outros ingredientes. A dizer a verdade, nunca pensei em ser sacerdote. Mais adiante me explicarei.

Desde 1979, em nossa paróquia, se ofereciam catequeses do Caminho Neocatecumenal para jovens e adultos, para todos aqueles que já haviam recebido os sacramentos e que gostariam de reviver/renovar a própria fé. Em 1983, já adulto, escutei estas catequeses e realmente fizeram uma grande diferença em minha vida. O encontro com Cristo é sempre transformativo. Iniciei, em seguida, o itinerário no qual participo até o dia de hoje, entrando em uma comunidade desse movimento da Igreja.

Dentro desse itinerário de formação católica fui, por assim dizer, "mergulhando" na Palavra de Deus, celebrando a Eucaristia e convivendo, em comunidade, com irmãos e irmãs (solteiros, casados, jovens, idosos, consagrados) em uma grande comunhão de vida, que perdura até os dias de hoje. Ali Cristo foi crescendo, nutrindo, revelando e abrindo a minha mente. Tudo isso produziu um grande agradecimento a Deus, a Jesus Cristo e à sua Igreja – corpo místico de Cristo formado por pessoas que caminham em caravana – e não uma espécie de "instituição não-governamental" de caráter apenas social, mas um verdadeiro corpo vivo!

Este agradecimento levou-me a desejar partilhar esta mesma palavra como missionário. Após vários anos de caminhada fui enviado a uma missão de evangelização. Estive em missão como evangelizador itinerante em Minas Gerais, Rio Grande do Sul e outros estados ainda, conforme se fazia necessária a presença de um moço em alguma equipe de evangelização para anunciar a alegria da Boa Notícia.

Ao longo da missão percebi como fazia falta a presença de sacerdotes apoiando a evangelização. Pouco a pouco foi crescendo em mim um chamado (aquela voz interior que sempre fala à nossa alma coisas muito bonitas).

Nesse período (1987/1988), já começava a experiência de um novo seminário diocesano missionário em outros países (Itália, Brasil, Espanha e algumas outras nações), patrocinado pelo Caminho Neocatecumenal, que era o Seminário Diocesano Missionário *Redemptoris Mater* que, em comunhão com o bispo local, era orientado às missões, isto é, ao anúncio do Evangelho nas paróquias e lugares de implantação da Igreja onde ela ainda não existia. Essa experiência, de verdade, me cativou e inspirou. Assim, em 1992, entrei no Seminário Arquidiocesano Missionário *Redemptoris Mater* na Arquidiocese de Newark, Nova Jersey, Estados Unidos. Aí conclui a Filosofia, cursei a Teologia na Universidade Católica de Seton Hall, enquanto exercia a pastoral missionária em diversos lugares.

Enquanto recebia a formação filosófica e teológica na Arquidiocese de Newark, ao mesmo tempo, participava do mesmo itinerário catecumenal iniciado no Brasil, mas agora na paróquia dos Santos Pedro e Paulo, localizada no bairro do Bronx, em Nova York. Aí aprendi o "castelhano" (espanhol) junto com irmãos e irmãs, muito queridos, provenientes da República Dominicana, Espanha, Porto Rico, Colômbia, Equador, Paraguai e Uruguai. Naturalmente eu "praticava" também o português com os brasileiros e portugueses que aí moravam. Enfim, era uma verdadeira "mini-ONU" (Organização das Nações Unidas). Assim, para mim, os Estados Unidos estavam mais para "nações unidas da América"!

Finalmente, em 1997 me ordenei sacerdote pela Arquidiocese de Newark, nos Estados Unidos. Aí servi como diácono, vigário paroquial e, finalmente, como pároco. A minha "última" paróquia chamava-se São Luiz Gonzaga. Aí estive como pároco por 12 anos até o ano de 2015. Nessa paróquia, assim como nas anteriores, oferecíamos a liturgia nas três línguas de seus habitantes: inglês, português (Brasil/Portugal) e espanhol. Fazíamos a dispensação dos Sacramentos, a catequese infantil, juvenil e de adultos. Dedicávamo-nos igualmente às liturgias dominicais e feriais, encontros, reuniões etc. Todos esses anos, verdadeiramente, foram maravilhosos e superprodutivos. Não há coisa mais maravilhosa do que a vocação que o Senhor me mostrou. Foram, e têm sido, anos de muitas alegrias, desafios, provas, tribulações, preocupações, angústias, consolações, mas acima de tudo, anos de "Esperança em Esperança" na longa estrada da vida rumo ao Céu.

Falando em provas...

Bem, no ano de 2015 passei por uma grande prova: apresentou-se uma condição médica vascular um pouco séria. Em conversa, primeiro com o meu bispo D. John Joseph Myers, e considerando a idade avançada de minha mãe, além do fato de eu estar já há tantos anos nos Estados Unidos, ele me concedeu uma primeira licença médica, confirmada posteriormente pelo seu sucessor, o Cardeal Joseph W. Tobin, para estar junto de minha família e das raízes de minha vocação. Por essa razão, estou entre todos vocês. Sem querer ser pretensioso, é como nos fala São Paulo, "por causa de uma doença o Senhor me chamou para anunciar o Evangelho entre vós" (cf. Gl 4,13-15). O nosso bispo, D. Pedro Luiz, achou por bem me conceder essa graça e o padre Renato meu acolheu aqui, junto a todos vocês. Meu muito obrigado, sempre!

Assim, desde 2016 estou servindo, com alegria, em nossa Paróquia de Nossa Senhora d'Ajuda. Acreditem se quiserem, lá nos Estados Unidos, às vezes pensava: "será que algum dia servirei o Senhor no Brasil?... Seria lindo!". Bem, viram só! Que coisa! Pois, parece, que Deus escutou-me, e aqui estou! E digo para vocês: "Tem sido lindo mesmo!".

Por fim, gostaria de dizer que este é um pouquinho do resumo de minha trajetória, que a equipe que está organizando as celebrações de nosso Jubileu me pediu para descrever. Espero que tenha servido para alguém. De verdade: estou feliz e minha alma está em paz! Como é maravilhoso viver entre os irmãos e as irmãs! Rezem por mim, porque eu sempre rezo por todos vocês nestes que são os dias da graça de Nosso Senhor Jesus Cristo e Jubileu dos 400 anos de nossa querida paróquia. Muitas estórias e histórias de encontros de pessoas, todo um povo, com a graça de Nosso Senhor Jesus Cristo, com certeza!

Um abraço fraterno e que Deus abençoe a todos!

Testemunho de Ana Maria da Silva

(Foto: acervo pessoal)

Eu sou a Ana Maria da Silva, sou casada, tenho 69 anos, dois filhos e um neto, nasci nesta cidade de Itaquaquecetuba, que eu amo, e a Igreja foi o início de tudo. Hoje, revendo minha história, olho para trás e vejo tudo que sou e tudo que fiz. Com toda certeza os meus acertos aconteceram no meu amadurecimento da fé.

Desde a minha tenra infância, já recebia as noções básicas através de meu avô, Carlos Barbosa da Silva, que nos evangelizava aos domingos à tarde com a oração do santo terço.

Saber que minha mãe e minhas tias eram "Filhas de Maria" e que cantavam nas missas dos domingos, ocupando o mezanino da nossa Igreja, sempre foi motivo de orgulho. Cresci envolvida nessas histórias. E foram dezenas delas que indicaram a necessidade de frequentar essa Igreja.

Aceitei os conselhos que recebi da família e, apesar de muitos momentos difíceis, a fé nunca me abandonou; e é nessa Igreja que vivo até hoje, tendo a graça de viver essa grande comunhão com Jesus Eucarístico.

Como pensar na Paróquia e não lembrar Daquela que por muitas vezes me carregou no colo, minha mãezinha do céu, Nossa Senhora d'Ajuda?

Há muitas coisas essenciais em minha vida, uma delas é estar em comunidade.

Ter a oportunidade de servir ao meu irmão através da oração, de um abraço ou até mesmo de uma ajuda concreta é algo maravilhoso.

É nessa paróquia que exerço os dons que Deus me concedeu, e sou feliz assim.

São muitos anos vivendo a alegria de ver minha mãe Arminda Barbosa da Silva, hoje com 90 anos, doando sua vida a essa Paróquia, e hoje procuro constantemente seguir o caminho que ela trilhou. Sou testemunha do quanto ela foi e é feliz por tudo que fez e recebeu dessa paróquia por intermédio de Nossa senhora d'Ajuda, de seus Párocos e de toda sua Comunidade.

Esta cidade é certamente muito abençoada por Ela, Nossa Senhora. Muitas vezes me pego a pensar em quantas súplicas e agradecimentos essas paredes grossas da igreja velha guardam dos fiéis da Senhora d'Ajuda. Quantos testemunhos tenho a dar para honra e graça de Nossa Senhora d'Ajuda!

Testemunho de Helena Vieira Moraes

(Foto: acervo pessoal)

Sou a Helena Vieira Moraes, viúva, tenho 76 anos, quatro filhos, onze netos e cinco bisnetos.

A Igreja sempre esteve presente em minha vida, minha família sempre foi religiosa e eu posso dizer que fui educada na Igreja Católica.

Cheguei em Itaquaquecetuba em dezembro de 1979 e fui morar na Vila Sônia, depois de alguns dias encontrei a Comunidade São João Batista, nela eu comecei a minha caminhada como leiga engajada, sendo primeiro catequista e depois coordenadora da Comunidade. Fui também coordenadora Paroquial da Pastoral da Criança e ministra extraordinária da Comunhão.

Já passei por várias dificuldades, mas sempre venci graças a intercessão de Nossa Mãe, Nossa Senhora d'Ajuda.

Celebrar os 400 anos da Paróquia Nossa Senhora d'Ajuda é motivo de alegria e gratidão.

Testemunho de Maria da Penha Rodrigues

(Foto: acervo pessoal)

Sou a Maria da Penha Rodrigues, tenho 83 anos, sou viúva, tenho dois filhos, quatro netos e seis bisnetos. Cheguei na cidade de Itaquaquecetuba em 1986, e fui viver no Bairro Maria Augusta. Minha família sempre foi católica e meu marido, Domingues Rodrigues, era muito devoto de Nossa Senhora; ele sempre me incentivava a participar da Comunidade Santo Antônio.

Na Comunidade Santo Antônio, comecei participando da liturgia e fui catequista por vários anos; há 23 anos sou ministra extraordinária e colaborei com o padre Giovanni Cosimati no que era preciso para animar a Comunidade. Sou muito grata ao padre Giovanni, porque tudo que aprendi sobre a Igreja, aprendi com ele.

Hoje continuo firme na Comunidade e continuarei até quando o Senhor Jesus me permitir. Amo a minha Igreja.

Para mim a Igreja é tudo, é minha força e minha alegria poder contar com a amizade e carinho de todos da Comunidade, que é minha família.

Nossa Senhora d'Ajuda é nossa Mãe espiritual, que caminha conosco e jamais abandona seus filhos, representa tudo de melhor para as nossas vidas.

Celebrar os 400 anos da Paróquia Nossa Senhora d'Ajuda é celebrar a vida e o amor.

Testemunho de Etelvina Barbosa de Camargo

(Foto: acervo pessoal)

Nascida em 1921, Etelvina Barbosa de Camargo diz que a igreja da Paróquia Nossa Senhora d'Ajuda sempre fez parte de sua vida. Quando criança, o pai trazia os filhos para a missa. Mudou-se para "Itaquá" após o casamento, e relata aqui sua dedicação às atividades desse tempo: "Eu cresci na Cidade de Itaquaquecetuba, sempre amei essa cidade e principalmente a igreja da Paróquia Nossa Senhora d'Ajuda."

Viúva e com suas três filhas já falecidas, Etelvina traz na memória os diversos momentos felizes que viveu na

Paróquia. "Na igreja eu era muito feliz, ajudava no que era possível e fazia tudo com muito amor e carinho. Reunia as mulheres para rezar, para limpar a igreja, arrumava o andor de Nossa Senhora para a procissão. Quanta conversa da mulherada: às vezes eram tantas conversas, que nem o padre podia saber".

Etelvina relata com emoção que se empenhou para comprar um sino para a igreja. Ela conta que toda semana visitava a fábrica onde foi construído o artefato. Posteriormente, esse sino foi colocado na igreja dos Santos Apóstolos. "Organizávamos também o bazar da pechincha e todo dinheiro arrecadado ia para as obras da Igreja. Eu e meu marido doamos o sino, quanta alegria e emoção no dia da inauguração."

Morando em Brasília com um dos seis netos e recebendo a visita de alguns dos oito bisnetos e oito tataranetos, Etelvina não se esquece da Nossa Senhora d'Ajuda.

"A Igreja para mim é tudo, é saudade… hoje com os meus 102 anos não posso ir à Paróquia Nossa Senhora d'Ajuda, porque estou morando em Brasília. Mas cada momento que vivi está gravado na minha memória."

Nossa Senhora d'Ajuda, Nossa Mãe, intercede por nós junto a Jesus!

Testemunho de Vicente Pedro Bina

(Foto: acervo pessoal)

Tenho 73 anos, sou casado e tenho três filhos e dois netos. Cheguei em Itaquaquecetuba em 1978. Embora minha família fosse católica, eu não participava na Igreja ativamente.

Quando fiz o "cursinho" de noivos em 1981, foi um despertar: gostei da experiência, e logo quando me casei, nos convidaram para participar do ECC (Encontro de Casais com Cristo); participei, gostei e fiquei por um bom tempo no ECC.

Participei também na catequese feita pelo Caminho Neocatecumenal, que me transformou mais ainda. Cada vez mais fui me envolvendo com a Igreja e via minha fé só fortalecendo. Fui catequista de crianças, adolescentes, jovens e adultos.

A Igreja para mim é muito importante, porque sem a Igreja, tudo é obscuro, não tem sentido nenhum.

A Paróquia Nossa Senhora d'Ajuda é tudo para mim, foi ela que me transformou e me ensinou tudo o que sei do Evangelho.

Casei-me nesta Paróquia e quem presidiu a celebração foi o padre Giovanni; nela meus filhos foram batizados, receberam a Primeira Eucaristia e o sacramento da Confirmação. Também os meus dois filhos se casaram nessa mesma igreja e agora com certeza meus netos serão batizados.

Tudo para a honra e glória de Deus.

Testemunho de Zaqueu do Amaral e Leonilda do Prado do Amaral

(Foto: acervo pessoal)

O Zaqueu nasceu em Itaquaquecetuba e eu, Leonilda, nasci em Arujá.

Eu sempre fui católica. O Zaqueu vem de uma família evangélica. O primeiro sacramento dele na Igreja Católica foi o Matrimônio, mediante o consentimento do padre Geraldo Montibeller e a autorização da Diocese para a celebração do casamento misto.

Nosso casamento foi realizado na Paróquia Bom Jesus de Arujá, desde o casamento moramos em Itaquaquecetuba, no território da Paróquia Nossa Senhora d'Ajuda.

Tivemos um casal de filhos, Amanda e Leandro, e um neto, filho da Amanda. Eu participava das missas dominicais e, quando a Amanda entrou na catequese, começamos a participar mais da vida da paróquia.

Fui convidada a fazer parte da pastoral da liturgia e fiquei por muitos anos, saí da liturgia para ser vice-coordenadora da Comunidade da Matriz e depois fui coordenadora da Comunidade.

Amava o que fazia pela Paróquia e o meu esposo sempre me apoiou. Ele fez a catequese de adulto, recebeu os sacramentos do Batismo, de Primeira Eucaristia e Crisma, sabíamos que Deus estava agindo em nossa família.

Quando o padre Luiz Renato assumiu a Paróquia Nossa Senhora d'Ajuda como administrador, o Zaqueu, eu e a Maria Auxiliadora recebemos o convite para fazermos parte do conselho econômico da Paróquia; vimos que o Espírito Santo estava agindo e aceitamos.

O padre Luiz Renato de Paula, nosso pároco, organizou uma equipe do "Pré-Restauro da Paróquia Nossa Senhora d'Ajuda", e o Zaqueu e eu fizemos parte dessa equipe. Trabalhamos com muito amor e dedicação. Depois do "Pré-Restauro" veio o restauro, e hoje sentimos orgulho em ver como ficou a igreja, especialmente neste ano, em que comemoramos os 400 anos dela.

Temos muito prazer e gratidão em trabalhar em prol da Paróquia Nossa Senhora d'Ajuda, estamos agradecidos por poder participar deste Jubileu de 400 anos e ainda mais pela presença de Nossa Senhora d'Ajuda em nossa família.

Testemunho de Ivone Santos Dias

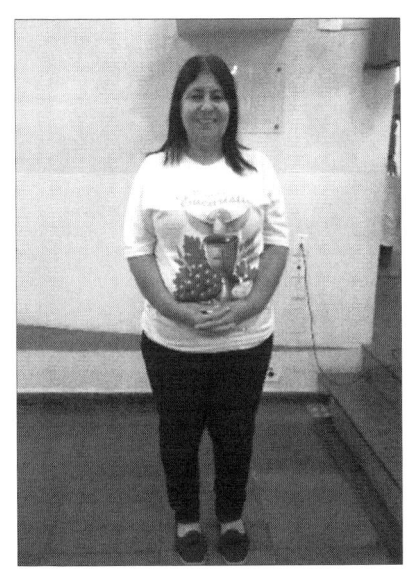

(Foto: acervo pessoal)

Eu sou a Ivone Santos Dias, tenho 55 anos, sou casada, tenho três filhos e três netos. Casei-me na Paróquia Nossa Senhora d'Ajuda em 1986; eu era uma pessoa muito tímida e em 2003 fui convidada pela minha prima a participar do terço mariano que acontecia na Comunidade Santíssima Trindade às sextas-feiras. De repente recebi um convite para participar da liturgia, e logo já estava envolvida na Comunidade.

Em 2017 o nosso pároco, o padre Luiz Renato, me convidou para ser coordenadora da Comunidade. A princípio recusei, achando que eu não seria capaz de tão grande responsabilidade, mas depois de uma longa conversa com o nosso pároco, ele acabou me convencendo e aceitei o desafio.

Hoje agradeço a Deus e à Mãezinha, Nossa Senhora d'Ajuda, pela oportunidade de poder colaborar com o crescimento da Comunidade Santíssima Trindade, sempre com a ajuda e apoio das Comunidades irmãs e da nossa paróquia, que é uma mãe para todos nós.

De tudo que fazemos com amor, colhemos frutos; a Igreja representa para mim uma grande família, onde encontramos apoio e orientação em momentos felizes e em momentos difíceis.

Celebrar os 400 anos de nossa Paróquia Nossa Senhora d'Ajuda é motivo de muita alegria e esperança.

Testemunho de Regina Avelino

(Foto: acervo pessoal)

Sou a Regina Avelino, tenho 54 anos, sou casada e tenho uma filha adotiva. Nasci e cresci nesta cidade de Itaquaquecetuba. Sou a oitava filha entre onze irmãos, minha mãe era conhecida como Dona Madalena, uma mulher de muita fé, caridosa e que, apesar de ser analfabeta, tinha uma grande sabedoria. Meu pai, um homem honesto, não era muito de ir à Igreja, mas tinha um grande respeito e devoção à Nossa Senhora.

Eu e meus irmãos fomos batizados na Paróquia Nossa Senhora d'Ajuda, somos uma família numerosa e unida pela graça de Deus.

Cresci vendo o amor e a devoção que minha mãe tinha à Nossa Senhora d'Ajuda. Por incentivo dela, aos 16 anos fui fazer a catequese da Crisma, e a cada encontro eu saía encantada. Depois de ser crismada comecei a participar do grupo de jovens: aí fiquei por um tempo e depois fiz parte da pastoral litúrgica. Logo em seguida comecei na pastoral da catequese e estou nela até hoje: amo a catequese. Depois de um tempo de caminhada recebi o envio para ser ministra extraordinária da Sagrada Comunhão; sou membro também do Apostolado da Oração e participo de um grupo chamado "Amigos de Marcucci" das Irmãs Pias Operárias da Imaculada Conceição.

No período de 2011 a 2015, tive o diagnóstico de um câncer, e nesse período fiz algumas cirurgias: mastectomia radical bilateral, anexectomia bilateral, tireoidectomia e outras. Quando fui fazer a cirurgia da tireoidectomia, tive que ir ao cartório reconhecer firma de um documento, que informava que eu voltaria da cirurgia sem voz. Antes da cirurgia recebi a Unção dos Enfermos e rezei pedindo à Nossa Senhora d'Ajuda a sua intercessão.

O milagre aconteceu por intercessão de Nossa Senhora d'Ajuda, que nos ajuda em todos os momentos de nossas vidas: voltei da cirurgia sem falar, e a primeira palavra que pude pronunciar foi a reposta que dei na missa no momento da comunhão. "O corpo de Cristo": e pude responder, "amém!".

Amo demais a minha Igreja, rezo todos os dias por ela.

Sabemos que uns dos frutos do Espírito Santo é a alegria. A alegria é um sinal de que estamos fazendo a vontade de Deus.

Celebrar os 400 anos da Paróquia Nossa Senhora d'Ajuda é celebrar a alegria...

A alegria do amor.

A alegria da esperança.

A alegria da gratidão.

A alegria da fé.

Testemunho de Cícera Thadeu dos Santos, Secretária da Chancelaria da Diocese de Mogi das Cruzes

(Foto: acervo pessoal)

Desde pequena aprendi amar e respeitar Nossa Senhora, que sempre foi um exemplo de força e de muita sabedoria em minha vida. Quando iniciei meus trabalhos como catequista e, depois, na equipe diocesana da Pastoral da Crisma, a cada momento que me envolvia me admirava com a garra e a força colocadas na evangelização dos catequistas do município de Itaquaquecetuba e principalmente da Paróquia Nossa Senhora d'Ajuda.

Em todos os momentos em que participava de uma celebração ou uma atividade na Paróquia Nossa Senhora d'Ajuda, eu sentia a presença da Mãe acolhedora, aquela que vem com seu carinho e abraça. Acho que era certamente o mesmo sentimento que Jesus tinha em relação à sua Mãe, Nossa Senhora. E qual foi minha alegria em participar e ajudar dentro dos meus limites no processo e nas fases do restauro da igreja Nossa Senhora d'Ajuda. Foi uma realização pessoal fazer parte da história de uma igreja que é um patrimônio tão valioso no município de Itaquaquecetuba e em nossa Diocese de Mogi das Cruzes.

Hoje, vivendo seu Jubileu de 400 anos de construção e história, posso dizer que Nossa Senhora nos evangeliza de várias maneiras, como por meio da arte sacra, da história arquitetônica, da influência cultural e da devoção mariana, que enriquece a missão e o caminho de seu povo para viver o ardor da presença de seu filho Jesus Cristo. E ela sempre vem em nosso socorro, aquela que vence apesar das diversidades de seu tempo. Agradeço sempre acolhida e o carinho de todo o povo e dos Párocos, e parabenizo por este momento de alegria e graça que a Paróquia está vivendo.

E deixo aqui uma frase que o saudoso Dom Paulo M. Roxo, Opraem, que foi nosso terceiro bispo diocesano, me escreveu: "A Escritura Sagrada vai mostrar o caminho da verdadeira alegria e paz"; e Nossa Senhora, ouvinte atenta da Palavra de Deus, sempre ensina o melhor caminho.

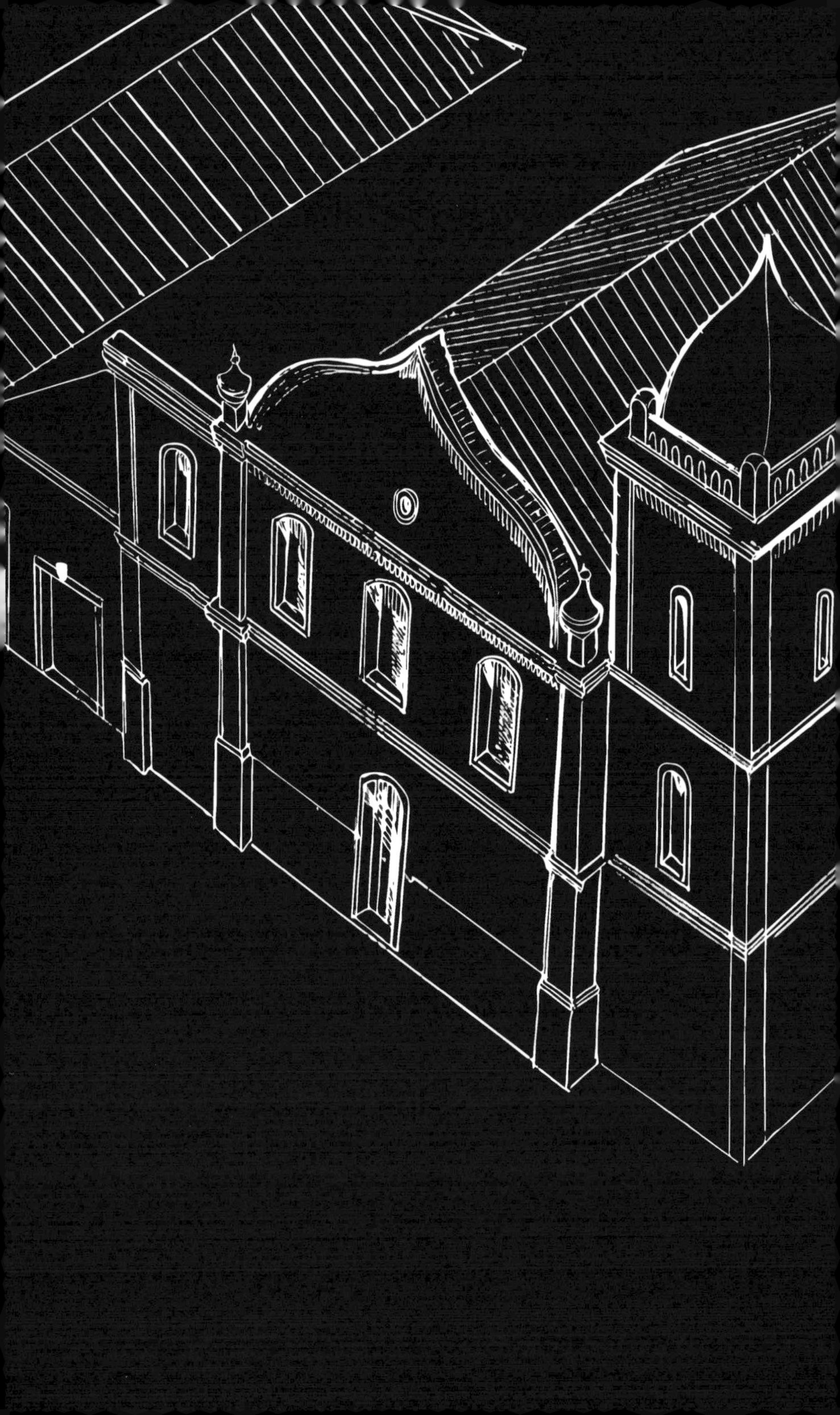

VI

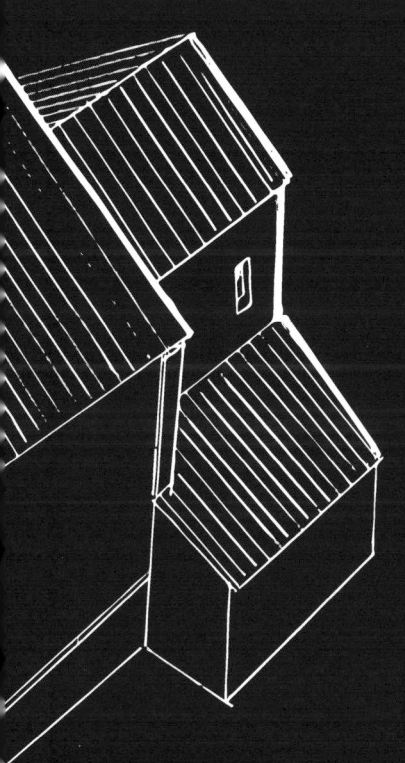

Homenagem às vocações religiosas femininas

*Suscipe me, Domine, secundum eloquium tuum, et vivam;
et non confundas me ab expectatione mea.*
(Psalmus 118,116)[1]

---

1. "Sustenta-me, Senhor, conforme a tua palavra e viverei, e não queiras confundir minha esperança." (Sl 118,116)

Irmã Rosilene de Mello
(Foto: acervo pessoal)

São poucas as vezes que Maria aparece nos escritos do Novo Testamento, no entanto, sua presença quase silenciosa é fundamental. Toda sua vida foi marcada por uma vocação especialíssima para a qual Deus a chamou desde toda a eternidade. Maria, a Mãe da ajuda, é um dos modelos fundamentais para todas as vocações, especialmente as vocações para a vida religiosa. Nossa Paróquia, nestas últimas décadas, pôde contar com a presença de belas vocações religiosas, seja de um ponto de vista individual, seja do ponto de vista comunitário. Algumas dessas vocações deixaram um grande exemplo de vida cristã para toda a nossa Comunidade paroquial.

Nesse sentido, gostaríamos de agradecer a Deus pelo dom das vocações e reconhecer, junto com toda a nossa Comunidade, o quão importantes são as vocações religiosas. Por isso, uma justa homenagem é feita aqui a todas as religiosas, em primeiro lugar, por meio da pessoa da Irmã Franciscana Rosilene de Mello. Falecida após uma breve doença, trabalhara por um bom período em nossa paróquia, deixando um exemplo de dedicação e abnegação.

Por meio dela e de sua comunidade, a Congregação das Religiosas Franciscanas de Santo Antônio, a presença de São Francisco de Assis se fez mais forte em nossa paróquia; seu cântico elevado às criaturas – *Laudato si' mi Signore!* (Louvado sejas, meu Senhor!) – ainda ressoa em nossos corações graças, em parte, ao labor dessas irmãs, que estiveram presentes na Comunidade de São José (atualmente paróquia), na Vila Gepina, até o ano de 2020. No ano de 2005, entrou nessa mesma Congregação uma das "filhas" de Itaquaquecetuba, a Irmã Regilene Francisca Pereira, que atualmente trabalha nessa mesma Congregação, na Itália.

Entretanto, até onde nos é possível saber, as operárias da "primeira hora" foram as irmãs Dominicanas que, na década de 1980, trabalharam ativamente na "Casa da Criança Dona Zenaide de Souza Lima". Nesse ambiente, seguindo a inspiração de seu santo fundador, São Domingos de Gusmão, elas procuraram "falar somente com Deus ou sobre Deus"; de fato, além de administrarem essa casa – que acolhe ainda hoje crianças em situação de risco – elas ministraram a catequese para várias crianças e jovens.

* * *

"Escuta, ó filho, os preceitos do Mestre, e inclina o ouvido do teu coração". Assim começa a famosa *Regra de São Bento*, escrito de importância fundamental para o monaquismo no Ocidente. *Monachus* é palavra latina que deu origem ao nosso termo "monge", em português, e cuja raiz é o termo *"monos"*, que significa "um, único, sozinho". A vida religiosa monástica se organizou em torno de duas modalidades: a vida solitária, eremítica, e a vida em comunidade. No que diz respeito à vida comunitária monástica, é preciso destacar uma presença importante no nosso território paroquial: a comunidade monástica das Irmãs Oblatas Beneditinas de Santa Escolástica, que mantém sua presença em nossa paróquia, procurando viver o carisma beneditino exemplificado no famoso lema desta mesma ordem, *"ora et labora"*, isto é, "reza e trabalha".

Seu mosteiro, situado na rua MMDC, a rua da escola "Benedito Vieira da Mota", é uma presença significativa e silenciosa de um carisma que vai aos poucos frutificando: algumas das vocações das irmãs tiveram origem em nossa paróquia. Outras, como a Irmã Eclésia, natural de São José dos Campos, viveram por um período nesse mosteiro em Itaquaquecetuba, dando aí seus primeiros passos na vida religiosa: com efeito, sua profissão foi feita na igreja nova de Nossa Senhora d'Ajuda. Irmã Eclésia se especializou na pintura de ícones: ela foi a grande idealizadora do ícone de "Pentecostes", que orna o atual presbitério da igreja dos Santos Apóstolos, na Vila Virgínia. Dela também é o belíssimo ciclo de pinturas dentro da igreja do mosteiro das beneditinas de Itaquaquecetuba. Entretanto, seu primeiro trabalho foi o painel da cruz que representa as cenas do ciclo do mistério pascal do Senhor e que está dentro da igreja nova de Nossa Senhora d'Ajuda. Atualmente ela trabalha na Itália e seus ícones são muito apreciados, tendo alguns de seus trabalhos apresentados aos papas.

* * *

> *Nada te perturbe, nada te espante, / Tudo passa, Deus não muda, / A paciência tudo alcança; / Quem a Deus tem, nada lhe falta: / só Deus basta.*

Essas famosas palavras de Santa Teresa d'Ávila bem poderiam sintetizar a vocação extraordinária – no sentido de algo realmente inesperado e impactante – da moça de quem falaremos agora.

Muitos conheceram uma jovem que frequentava nossa paróquia e que se chamava Sílvia Regina Dezorzi de Oliveira, aliás, sendo pequenina e muito jovem, todos a conheciam como "Silvinha".

Sua família – a mãe, dona Inez, o esposo e outro irmão de Silvinha, Genival, precocemente falecido – participava no movimento do Caminho Neocatecumenal, movimento eclesial presente em nossa paróquia já há quarenta e cinco anos.

Nascida em 1980, Silvinha era uma menina "comum": nada nela a diferia das demais meninas de sua geração. Participava no mesmo movimento eclesial com sua família na Paróquia. Tinha seu círculo de amizades como qualquer moça de sua idade e tinha um comportamento muito "normal", ou seja, sem grandes demonstrações aparentes de misticismo, ou mesmo de uma "fé" que levasse alguém a pensar: eis aí uma futura freira! Entretanto, muito inesperadamente, como uma espécie de "raio em céu azul e sereno", ouviu-se dizer que ela, sem que em momento algum houvesse dado sinais externos perceptíveis de uma vocação religiosa, queria entrar para a vida religiosa, mas não uma vida religiosa qualquer: ela desejava ir para a clausura, uma das formas mais "drásticas" da vida em comum.

"Clausura" vem do latim *clausum*, "fechado"[2], e indica a vida religiosa retirada e escondida dentro do espaço de um mosteiro, quase sem contato com a vida exterior. Diante dessa notícia, não foram poucos aqueles que, naquela época, pensaram: "fogo de palha..."; "não dura nem um mês..."; "bom, será uma boa experiência, mas ela não tem cara de monja, não...".

---

2. Aliás, dessa palavra vem outra expressão que deu origem ao famoso "conclave", isto é, *clausum cum clavis* ou, "fechado à chave".

Ledo engano.

Contra todas as previsões, até mesmo de pessoas muito sérias, efetivamente se cumpria naquela menina aquilo que Deus havia dito por meio da boca do profeta Samuel: "Pois o homem vê a aparência; Deus, porém, vê o coração!" (1Sm 16,7).

Com apenas 19 anos de idade, Silvinha entrou no Carmelo de Santa Teresinha, na cidade de Aparecida (SP), famosa por abrigar o Santuário Nacional dedicado à Nossa Senhora. Seis anos depois ela professava aí seus votos solenes perpétuos e, seguindo a antiga tradição batismal da Igreja, que passou posteriormente também para a vida religiosa, Sílvia recebeu "um nome novo" (cf. Ap 2,17) e se tornou Irmã Maria Elisabeth da Trindade. Atualmente, Irmã Maria Elisabeth é a Priora do Carmelo e, em 2024, comemorará 25 anos de sua entrada na vida religiosa contemplativa, uma vocação mais do que necessária na Igreja[3].

---

3. "De maneira especial, a América Latina necessita da vida contemplativa, testemunha de que somente Deus basta para preencher a vida de sentido e de alegria. 'Em um mundo que continua perdendo o sentido do divino, diante da supervalorização do material, vocês, queridas religiosas, comprometidas desde seus claustros a serem testemunhas dos valores pelos quais vivem, sejam testemunhas do Senhor para o mundo de hoje, infundam com sua oração um novo sopro de vida na Igreja e no homem atua.'" (V CONFERÊNCIA GERAL DO EPISCOPADO LATINO-AMERICANO E DO CARIBE, *Documento de Aparecida*, n. 221 e Discurso do Papa João Paulo II às Religiosas de Clausura, México 30/01/1979).

A presença na cidade de Aparecida de uma vocação nascida em Itaquaquecetuba nos faz ver mais um laço misterioso entre as invocações de Nossa Senhora d'Ajuda e Nossa Senhora da Conceição Aparecida[4]. Essa proximidade parece ser um sinal de predileção e de um carinho extremado que a Virgem dedica a todos nós. É quase como um convite a permanecermos com seu Filho Jesus, a reconhecermos o quão bom é estar em sua presença (Mt 17,4). Aliás, ele mesmo, o Filho, nos convida a estar com ele, como bem intuiu a "padroeira" de Irmã Maria Elisabeth, a santa carmelita Elisabeth da Trindade:

> "Permanecei em mim". É o Verbo de Deus que dá essa ordem, que exprime essa vontade. Permanecei em mim, não por alguns instantes, algumas horas que devem passar, mas "permanecei..." de modo permanente, habitual. Permanecei em mim, rezai em mim, adorai em mim, amai em mim, sofrei em mim, trabalhai, agi em mim. Permanecei em mim para apresentar-vos a todas as pessoas ou a todas as coisas, penetrai sempre mais nesta profundidade[5].

---

4. Ver acima a parte histórica dedicada à Padroeira principal de nossa Paróquia.
5. SANTA ELISABETH DA TRINDADE, *Obras Completas*, São Paulo, Loyola e Edições Carmelitanas, 2022, 84.

Em tempos de relações descartáveis, líquidas, um convite como esse lança um interrogativo profundo em cada um de nós. Como é possível uma jovem deixar tudo e entrar na vida religiosa? Como é possível um casal viver unido até o final da vida? Como é que se pode ser feliz assim? Dia após dia, ano após ano, frequentando a mesma igreja, trabalhando no mesmo local? Onde "mora" a felicidade e a realização de nossas vidas?

Oxalá todos nós possamos encontrar o sentido mais profundo de nossa vocação fundamental: permanecer com Maria e Jesus.

Madre Maria Elisabeth da Trindade
(Foto: acervo pessoal)

Carmelo de Santa Teresinha, Comunidade monástica.
No centro da foto, de pé, Madre Maria Elisabeth da Trindade
e Dom Orlando Brandes, Arcebispo de Aparecida.
(Foto: acervo pessoal)

Conclusão

Juscelino, Dona Odila, Isabel, seu Alfredo, seu João, Dona Antônia, Dona Lica...

São tantos os nomes de pessoas já falecidas – e mesmo vivas – que deram (e dão) grandes contribuições nestas últimas décadas à Paróquia que, se fôssemos enumerar todos os seus nomes, a lista seria demasiado longa e correríamos o risco de sempre esquecer alguém.

Por esse motivo, como homenagem aos leigos e leigas engajados, gostaríamos de citar a antiga catequista de crianças, a Dona Mariinha – ou também "Mariazinha". Atualmente, chegando perto de seu centenário de vida, Mariinha continua participando da Igreja dentro daquilo que lhe é possível e terá formado, por meio de seu ministério de catequista de crianças, muitas pessoas que ainda se lembram dela com carinho; a ela, e em sua pessoa, queremos agradecer a todos aqueles que contribuíram e que continuam contribuindo em nossa Paróquia!

Por outro lado, dentro das várias atividades desenvolvidas na igreja de Nossa Senhora d'Ajuda – pensemos em todas as pastorais, os movimentos, as ações caritativas, como a pastoral da criança, nos serviços de "portaria" e nos serviços domésticos –, é um dever citar um organismo de extrema importância e que nem sempre é adequadamente lembrado: o escritório paroquial.

Embora, infelizmente, não seja possível trazer aqui os nomes de todos aqueles e aquelas que trabalharam na Secretaria da Paróquia ao longo dos anos e que deixaram literalmente suas marcas – ainda é possível identificar as diversas grafias nos vários livros de Registros de nossa paróquia –, gostaríamos de citar os nomes de algumas pessoas que desempenharam com louvor essa função em nossa Paróquia nestas últimas décadas, como é o caso das senhoras Rosinha, Valéria, Marta, do senhor Firmino e das senhoras Edilene, Cristiane, Íris, Aurora, Carla e, atualmente, da senhora Denise: todos trabalhadores incansáveis das últimas horas que, para além de seu sustento, dedicaram horas a fio para ajudar a organizar as pastorais e a vida paroquial como um todo. Por fim, é importante destacar que, desses secretários, dois atualmente desempenham funções notáveis em nosso município: a sra. Marta, que exerce atualmente o importante cargo de Supervisora de Ensino na esfera municipal, e o sr. Firmino, que hoje é diácono permanente na paróquia dos Santos Apóstolos.

* * *

Mais uma vez é preciso dizer que, se tivéssemos que enumerar todas as pessoas, sem dúvida a lista seria muito mais longa, a dizer a verdade, talvez ocupasse todas as páginas deste livro e mais, se considerarmos que em 400 anos de história muitas outras foram "escritas" pelas vidas das tantas pessoas que por aqui passaram, nesta terra das "muitas taquaras-faca".

Efetivamente, nossa história é um mistério que deverá se tornar claro apenas quando da *Parusia*, isto é, da vinda definitiva do Senhor. No entanto, o próprio Senhor nos alerta: "Quando vier o Filho do homem, encontrará a fé sobre a terra?" (Lc 18,8). É certo que cada geração que por aqui passou deverá prestar contas ao Senhor de sua fé. Mas, assim como os padres Redentoristas, que deixaram inscrito em nossa igreja a expressão tão eloquente e esperançosa do "Viva Jesus!", queremos também nós crer que, apesar de nossa fé tão débil, tão ínfima, apesar de todos os nossos problemas e deficiências, estamos certos de contar com a intercessão e ajuda daquela que é Nossa Mãe; também estamos certos de ter igualmente um bom advogado junto ao Pai (cf. Jo 17,20) e, por isso, nessa mesma fé da Igreja é que queremos terminar este livro com as palavras confiantes que, de certo modo, se fazem presentes também em nossa liturgia:

E o Espírito e a Esposa dizem: "Vem!"
E aquele que ouvir também diga: "Vem!".
"Sim, eu venho em breve!" "Amém! Vem Senhor Jesus!"
(Ap 22,17.20)

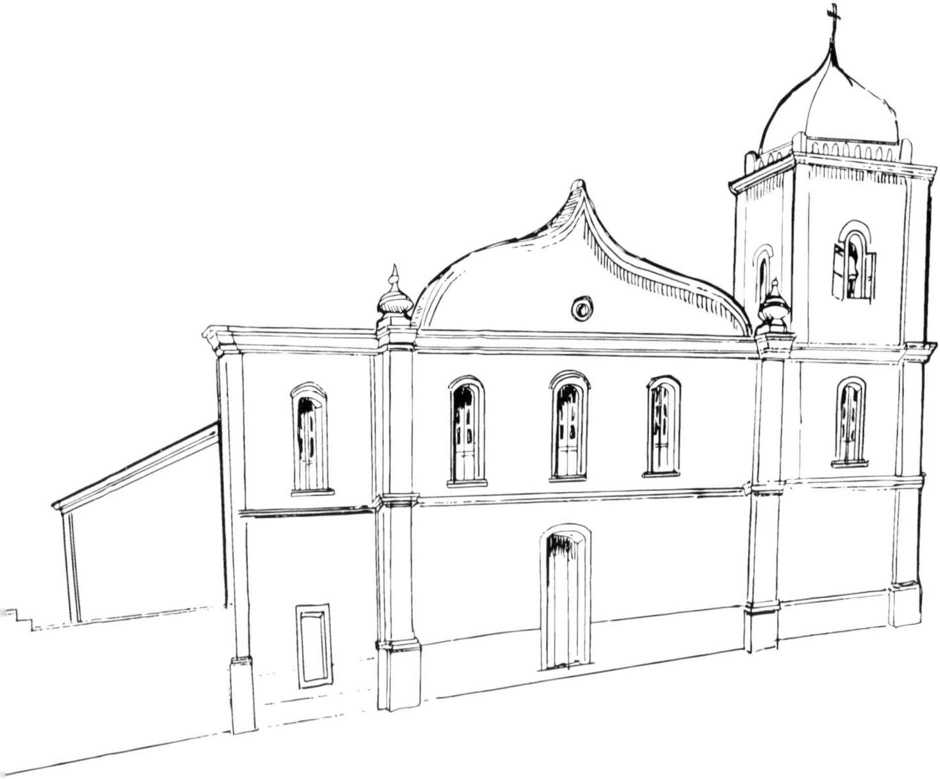

Referências bibliográficas

ALVARENGA, Oneyda. *Música Popular Brasileira*. Rio de Janeiro/Porto Alegre/São Paulo, Globo, 1960.

ANCHIETA, José de. *Minhas Cartas. Por José de Anchieta*. São Paulo, Melhoramentos, 1984.

ARROYO, Leonardo, *Igrejas de São Paulo*, São Paulo, Companhia Editora Nacional, ²1966.

AZEVEDO, Aroldo, *Subúrbios Orientais de São Paulo. Tese de concurso à cadeira de Geografia do Brasil da Faculdade de Filosofia, Ciências e Letras da Universidade de São Paulo*, São Paulo, s.n., 1945.

BARBOSA LEMOS, A., *Curso de tupi antigo*, Rio de Janeiro, Livraria São José, 1956.

BARROS, Cleusa M. Matos de, *São Benedito: um santo negro. Vida de São Benedito narrada para o homem de hoje*, São Paulo, Paulinas, ⁴1989.

CAEIRO, José. *De Exílio. Primeira publicação após 160 anos do manuscrito inédito de José Caeiro sobre os jesuítas do Brasil e da Índia na perseguição do Marquês de Pombal (século XVIII)*, Bahia, Escola tipográfica salesiana, 1936.

Cardoso, Armando, *Vida de São José de Anchieta – Um carismático que fez história*. São Paulo, Loyola, 2014.

Cascudo, Luís da Câmara. *Dicionário do Folclore Brasileiro*, Belo Horizonte, Itatiaia, ⁵1984.

Da Vide, Sebastião Monteiro, *Constituições Primeiras do Arcebispado da Bahia*, Brasília, Senado Federal, 2011 (Edição fac-símile).

Echaniz, Ignacio. *Paixão e Glória – História da Companhia de Jesus em corpo e alma*. 4 vol., São Paulo, Loyola, 2006.

Santa Elisabeth da Trindade, *Obras Completas*, São Paulo, Loyola e Carmelitanas, 2022, 84.

Figueiredo, Luciano Raposo de Almeida e Campos, Maria Verônica (coord.). *Códice Costa Matoso. Coleção das notícias dos primeiros descobrimentos das minas na América que fez o doutor Caetano da Costa Matoso sendo ouvidor-geral das do Ouro Preto, de que tomou posse em fevereiro de 1749 & vários papéis*. Belo Horizonte, Fundação João Pinheiro, Centro de Estudos Históricos e Culturais, 1999, vol. 1.

Fiume, Giovanna. *Il Santo Moro – O processi di canonizzazione di Benedetto da Palermo (1594-1807)*, Milano, Franco Angeli, 2002.

Fonseca, Manuel da, *Vida do venerável Padre Belchior de Pontes*, Lisboa, Francisco da Silva, 1752. Reedição da Companhia Melhoramentos de São Paulo, s.d.

Frade, Gabriel (org.), *Antigos Aldeamentos Jesuíticos*, São Paulo, Loyola, 2016.

Santo Inácio de Loyola, *Exercícios Espirituais*, São Paulo, Loyola, ^{14}2015.

Santo Inácio de Loyola, *O Relato do Peregrino (Autobiografia)*, São Paulo, Loyola, 2006.

Leite, Serafim. *História da Companhia de Jesus no Brasil*, São Paulo, Loyola, 2014.

Luís, W. *Na Capitania de São Vicente*, Brasília, Senado Federal, 2004.

Marcílio, Maria Luiza, *A cidade de São Paulo. Povoamento e População – 1750-1850. Com base nos registros paroquiais e nos recenseamentos antigos*. São Paulo, Pioneira, 1974.

Navarro, Eduardo de Almeida. *Método moderno de tupi antigo*. Petrópolis, Vozes, ^{2}1999.

Pagoto, Amanda Aparecida, *Do âmbito sagrado da Igreja ao cemitério público. Transformações fúnebres em São Paulo (1850-1860)*, São Paulo, Arquivo do Estado, 2004.

Petrone, P., *Aldeamentos Paulistas*, São Paulo, EDUSP, 1985.

Ribadeneira, Pedro de. *Vida de Santo Inácio de Loyola, fundador da Companhia de Jesus*. São Paulo/São Leopoldo, Loyola e Unisinos, 2021.

Sampaio, Teodoro. *O tupi na geografia nacional*. São Paulo, Companhia Editora Nacional, 1987.

Santa Maria, Frei Agostinho de. *Santuário Mariano, e história das imagens milagrosas de Nossa Senhora, e das milagrosamente apparecidas, em graça dos pregadores & dos devotos da mesma Senhora. Tomo Primeiro, que comprehende as Imagẽs de Nossa Senhora, que se veneraõ na Corte, & cidade de Lisboa, que consagra, oferece, e dedica à Soberana Imperatriz da Gloria, Maria Santissima, debayxo de seu milagroso titulo de Copacavana.* Lisboa: Na Officina de Antonio Pedrozo Galrão, 1707.

SILVEIRA BUENO, Francisco da, *Vocabulário tupi-guarani*, português, São Paulo, BED, ³1984.

SOARES, Mariza de Carvalho, *Devotos de cor, identidade étnica, religiosidade e escravidão no Rio de Janeiro*. Rio de Janeiro, Civilização Brasileira, 2000.

SOUZA, Ney de e ASSUNÇÃO, Elinaldo Cavalcante, *Padre Cícero e a questão religiosa de Juazeiro*, São Paulo, Loyola, 2020.

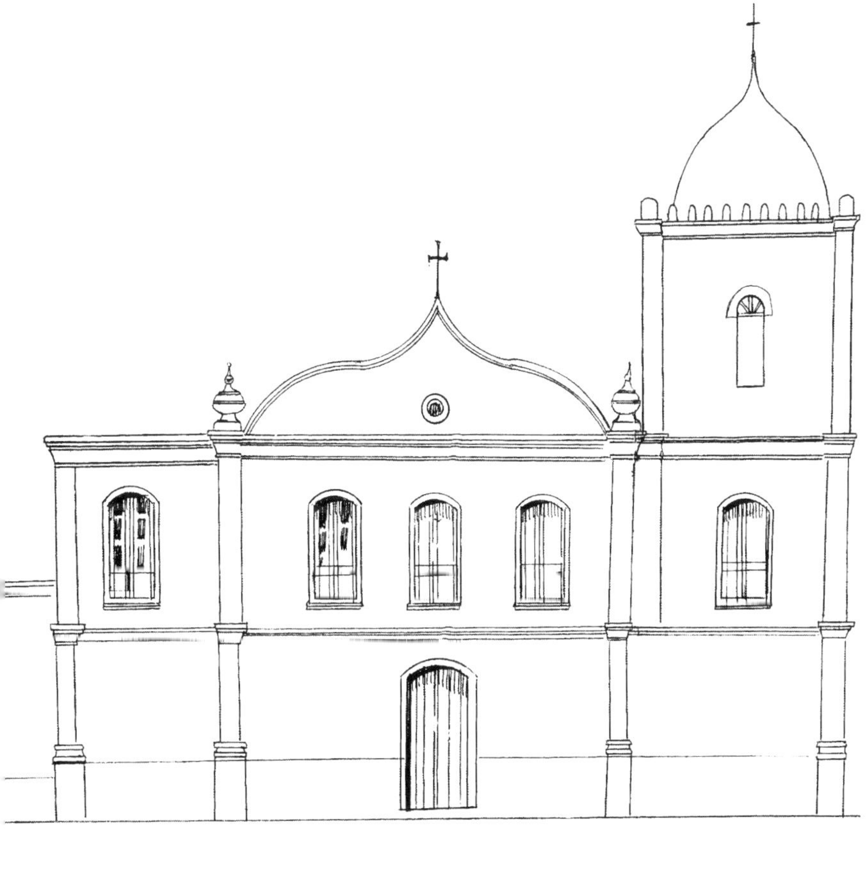

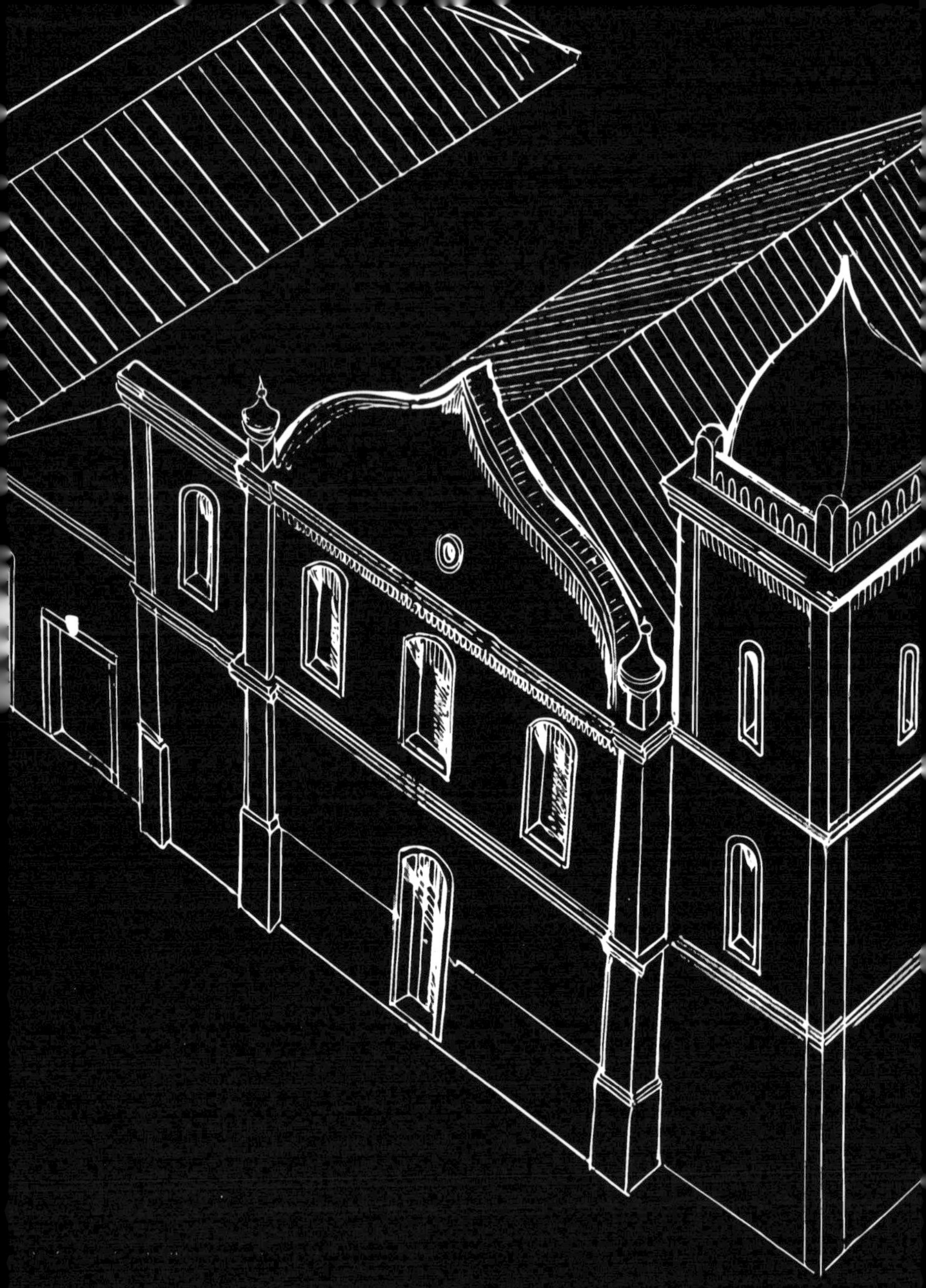

Anexos

1

O logo das comemorações dos 400 anos da Paróquia Nossa Senhora d'Ajuda

Com Nossa Senhora D'Ajuda, celebrando os 400 anos da nossa história. (Lucas 1,47)

A escolha das cores

Originalmente o logo foi concebido com as cores marrom e dourada.

O marrom quer indicar o material com que foi construída da igreja, a taipa de pilão, uma técnica usada há milhares de anos, na qual uma mistura de argila e outros materiais é compactada para criar uma parede espessa, sólida e durável. Além disso, a cor marrom é frequentemente associada à terra, à solidez e à estabilidade. Ela evoca uma sensação de conforto, segurança e naturalidade. Em muitas culturas, o marrom é relacionado à resiliência, confiabilidade e simplicidade. Psicologicamente, pode transmitir uma sensação de calma e aconchego, sendo também associada às dimensões da materialidade, do pragmatismo e da responsabilidade. É usada igualmente para criar ambientes acolhedores e terrosos, promovendo uma conexão com a natureza e a simplicidade. Do ponto de vista bíblico, Deus é equiparado a um oleiro e os fiéis são obra de suas mãos (cf. Jr 18, 1-6).

Já a cor dourada significa nobreza, grandiosidade, além de remeter ao ouro e todo o seu valor e importância. O ouro, por sua qualidade inoxidável, mantém sempre o seu brilho, a sua "vida". Por esse motivo é um material muito usado da arte cristã para indicar a vida eterna, o aspecto divino. Ao se escolher a cor dourada, procurou-se destacar também a importância do Jubileu dos 400 anos da igreja, conferindo um aspecto de honra e distinção ao emblema.

Os elementos do selo comemorativo

400 anos

Os 400 anos, momento histórico para toda a comunidade, estão representados atrás da igreja, fazendo alusão a todo o tempo que se passou. A igreja permaneceu por todos esses séculos firme, sólida e viva (cf. Mt 7,24-27), acolhendo a todos os fiéis que recorreram à Nossa Senhora d'Ajuda, pedindo por sua intercessão e por seu auxílio maternal.

A igreja

A igreja foi desenhada com um cuidado meticuloso para assegurar que sua linda fachada fosse reproduzida fielmente no selo. Esse edifício sagrado, que acolheu centenas de milhares de devotos ao longo de quatro séculos, ganhou traços finos e elegantes, o que trouxe ao selo um ar de elegância, mas, ao mesmo tempo, retrata a beleza da simplicidade da igreja.

A coroa

Simboliza e homenageia Nossa Senhora d'Ajuda. A coroa, símbolo da realeza de Maria, que foi coroada como Rainha nos Céus, retrata a passagem bíblica de Apocalipse 12: "Apareceu em seguida um grande sinal no céu, uma Mulher vestida com o sol, tendo a lua sob os seus pés e na cabeça uma coroa de doze estrelas". A coroa está próxima à cruz do frontão da igreja, a parte mais alta do segmento central da fachada, o que evoca a intercessão de Maria junto ao seu Filho; evoca também a máxima *"ad Jesum per Mariam"*, isto é, "a Jesus por meio de Maria", ou ainda: "da devoção à Liturgia".

As estrelas

Cinco estrelas representam as cinco capelas ou comunidades que fazem parte atualmente da paróquia Nossa Senhora d'Ajuda (Comunidade da Matriz; Comunidade Santo Antônio, na Vila Maria Augusta; Comunidade Nossa Senhora do Rosário, no Jardim Joandra; Comunidade da Santíssima Trindade, no Jardim Fiorello, e Comunidade de São João Batista, na Vila Sônia). É o povo de Deus, a Igreja viva, que dá sustentação à memória histórica da construção do edifício e que zela pela conservação e tradição desse grande patrimônio da cidade de Itaquaquecetuba.

A água

Evoca o rio Tietê e a fundação de Itaquaquecetuba. Durante sua missão no Brasil, junto com seus coirmãos jesuítas, São José de Anchieta foi fundando aldeamentos ao longo das margens do rio Tietê, incluindo o aldeamento que viria a se tornar a igreja de Nossa Senhora d'Ajuda, marco fundamental da cidade. A água nas duas laterais evoca também as dimensões sacramental, já que é elemento fundamental na celebração do Batismo, e de evangelização da Igreja, âmbitos que continuam muito ativos até os nossos dias.

O arco

O arco se refere à colina sobre a qual se ergue a igreja matriz. É um dos pontos mais altos da cidade de Itaquaquecetuba e faz lembrar os cenários da teofania, isto é, da revelação de Deus que se revela no monte Sinai (cf. Ex 19) e se manifesta em Jesus na sua transfiguração sobre o monte Tabor (Mt 17). É também uma referência à Jerusalém e ao Gólgota (cf. Sl 86(87); Jo 19,17), o pequeno monte sobre o qual, segundo a tradição, Jesus foi crucificado, alcançando mediante sua morte na cruz a salvação para todo o gênero humano. Por fim, essa localização elevada da igreja de Itaquaquecetuba faz presente sua importância espiritual e cultural para toda a cidade.

A frase

Finalmente há também a frase e a citação bíblica (o tema e o lema) escolhidos pela Equipe de preparação do Jubileu e que explicitam o sentido das celebrações de toda essa comemoração: "Com Nossa Senhora d'Ajuda, celebrando os 400 anos da nossa história", ou seja, o reconhecimento de todos os fiéis da presença de Maria, a Mãe de Deus, em meio à nossa cidade e "Meu espírito alegra-se intensamente em Deus meu Salvador (Lc 1,47)", que quer fazer presente a alegria de Nossa Senhora pelos festejos feitos por nós, seus filhos, e que lhe são oferecidos.

2

Solicitação de nosso Bispo diocesano, Dom Pedro Luiz Stringhini, ao Papa Francisco, por meio da Nunciatura Apostólica no Brasil, para a obtenção do título de Basílica Menor para a igreja de Nossa Senhora d'Ajuda[1]

Mogi das Cruzes, 17 de julho de 2024

Excelência Reverendíssima!

Com minhas cordiais saudações, respeitosamente dirijo-me a Vossa Excelência para solicitar, por meio desta, que Sua Santidade, o Papa Francisco, conceda o título de Basílica Menor para a Igreja de Nossa Senhora d'Ajuda, localizada no centro do Município de Itaquaquecetuba-SP, da Diocese de Mogi das Cruzes.

A referida igreja foi construída pelos jesuítas, em 1624, e trata-se de uma das mais antigas igrejas da região. Completa, pois, no dia 08 de setembro de 2024, quatrocentos anos de sua construção e inauguração.

Nos últimos anos, este importantíssimo Patrimônio Histórico passou por intenso restauro, garantindo a

---

1. Reprodução de cópia da carta assinada por dom Pedro e arquivada na Cúria Diocesana de Mogi das Cruzes.

conservação e a preservação histórica, religiosa, artística e cultural deste templo, reconhecido como um raro legado que a Igreja Católica oferece àquele Município.

Este Templo foi sede da Paróquia Nossa Senhora da Ajuda até o ano de 1989, dando lugar a uma nova e contígua igreja matriz bem maior, devido ao crescimento da cidade de Itaquaquecetuba, que hoje conta com 16 paróquias.

Contudo, após o restauro, a igreja histórica voltou a abrigar os fiéis nas celebrações feriais da Eucaristia, celebração de Matrimônios e demais Sacramentos; tornando-se, igualmente, lugar de visitação para oração individual, adoração ao Santíssimo Sacramento etc.

Devido à importância histórica e afetiva deste templo, considerando sua riqueza cultural e religiosa e o grande afluxo de pessoas que por ali passam, de modo especial nas missas ali celebradas, ratifico o pedido para que se torne Basílica Menor. O Município receberá com alegria e entusiasmo esta grande honra; e poderá comemorar os 400 anos da Igreja com esta maravilhosa graça.

Despeço-me fraternalmente, com sinceros agradecimentos pelo vosso empenho nesta causa tão importante para nossa Igreja diocesana.

De Vossa Excelência
Dev.mo no Senhor!
Dom Pedro Luiz Stringhini
Bispo Diocesano

3

Mensagem pelos 400 anos da igreja dedicada à Nossa Senhora d'Ajuda[1]

Que alegria, quando me disseram:
"vamos à casa do Senhor!"
Salmo 122(121)

Queridos irmãos e irmãs em Cristo, é realmente com muita alegria que me dirijo a todos vocês, cidadãos de Itaquaquecetuba, essa cidade, segundo a tradição, fundada por um dos membros mais ilustres desta Companhia de Jesus no Brasil, o padre São José de Anchieta.

De fato, em 1549, o ano da chegada da primeira missão jesuíta nas Américas, o padre jesuíta Manuel da Nóbrega, líder daquela missão, diante dos imensos desafios da evangelização, solicitou reforços a Santo Inácio de Loyola para que o Evangelho pudesse ser mais bem anunciado no Brasil.

Diante dos pedidos do padre Nóbrega, quatro anos depois, chegavam novos integrantes para ajudar nessa missão e, em meio a estes, figurava aquele que ficaria

---

1. Reprodução do texto da carta de saudação do Provincial da Companhia de Jesus no Brasil, padre Mieczyslaw Smyda, SJ.

conhecido como "o Apóstolo do Brasil", o jovem José de Anchieta.

Percorrendo milhares de quilômetros, sempre visando o anúncio do Evangelho, o jovem Anchieta e outros irmãos jesuítas chegam ao litoral de São Paulo. Galgando o imenso obstáculo da Serra do Mar, percorreram o Rio Tietê, chegando ao planalto paulista.

Na intensa atividade missionária conduzida nesse platô, foram surgindo alguns aldeamentos ao longo das margens do rio, com o objetivo de catequizar e proteger os indígenas.

A tradição, nunca contestada, afirma que em meados de 1560 houve a fundação do aldeamento de Itaquaquecetuba, nome tão expressivamente tupi. Esta língua foi arduamente aprendida pelo próprio José de Anchieta, que teve o mérito de codificar alguns de seus aspectos no famoso escrito de sua autoria intitulado "Arte da língua mais usada na costa do Brasil".

Haja vista a precariedade daquela época, ao que parece o aldeamento se desfez em algum momento. Em 1624 o padre secular João Álvares reconstrói uma capela dedicada à Nossa Senhora d'Ajuda e, por ocasião de sua morte, ele lega novamente para a Companhia o aldeamento e a igreja dedicada à Mãe do Senhor. Os jesuítas aí permanecerão até o século XVIII, quando a perseguição do Marquês de Pombal levará aprisionado o último jesuíta presente em Itaquaquecetuba, o padre José.

Que a Senhora d'Ajuda e São José de Anchieta, de quem vocês possuem uma relíquia doada pela Companhia de Jesus, possam abençoar essa cidade que, com tanto carinho, ainda guarda a memória da presença e dos serviços outrora prestados pelos nossos coirmãos jesuítas que nos precederam na glória do Senhor.

Fraternalmente.

Rio de Janeiro, 12 de junho de 2024

Padre Mieczyslaw Smyda, SJ

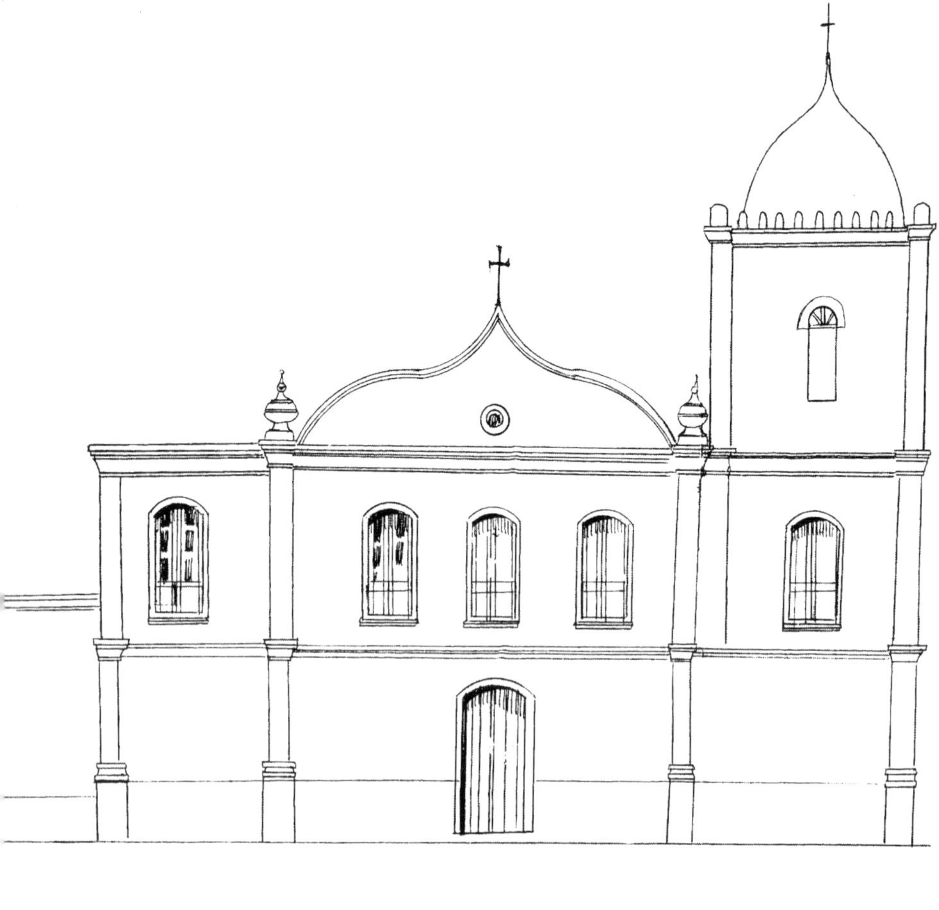

4

Carta enviada ao Papa Francisco solicitando a Canonização de São José de Anchieta

São Paulo, 20 de julho de 2013

À
**Sua Santidade,
Papa Francisco**

Beatíssimo Padre

Humildemente ousamos pedir à Vossa Santidade que considere a canonização do Bem-aventurado Padre José de Anchieta, SJ (1534-1597), também conhecido em nossa terra como *o Apóstolo do Brasil*.

Ponderando a importância do catolicismo na sociedade brasileira e a grande colaboração que a *Societas Jesu* imprimiu ao cristianismo no Brasil – máxime na época colonial através de seus primeiros membros –, acreditamos que a canonização do Padre Anchieta, operário das primeiras horas nesta vinha do Senhor, viria a preencher uma grande lacuna na história de ontem e de hoje da presença cristã no Brasil.

De fato, a benfazeja influência de nosso Bem-aventurado Padre Anchieta se faz sentir ainda hoje em diversos âmbitos da sociedade, superando até mesmo o campo estritamente religioso. São vários os escritos, filmes e outras obras artísticas feitas à memória deste missionário. Além disto, é possível ainda constatar as inúmeras obras de caridade, fundações, escolas, rodovias, ruas e até uma cidade inteira que trazem carinhosamente o nome deste padre.

Mesmo a maior metrópole do Brasil, a cidade de São Paulo, traz consigo, desde as suas origens, a memória do labor dos padres da Companhia de Jesus e, dentre estes, particularmente, a ação do incansável Padre José de Anchieta, que para nós se tornou inclusive verdadeiro modelo de empreendedor social.

Ao escrever para seus superiores, é ele, Anchieta, que nos faz saber que o próprio nome da megalópole brasileira é devido à direta ação da Companhia: *"a 25 de janeiro do Ano do Senhor de 1554 celebramos, em paupérrima e estreitíssima casinha, a primeira Missa, no dia da conversão do Apóstolo São Paulo, e, por isso, a ele dedicamos nossa casa"*.

Basta pensar na presença, ainda agora, da Companhia de Jesus no ponto exato descrito por Anchieta e que marca o nascimento da cidade de São Paulo: o Páteo do Collegio, um dos primeiros colégios jesuíticos das Américas, obra – em grande medida – do Bem-aventurado Anchieta. A cidade de São Paulo talvez seja a única no mundo que nasceu em torno de uma capela-escola e que teve como ata de fundação uma celebração eucarística.

A esse incansável missionário devemos ainda a inestimável contribuição à sistematização da língua geral, germe da identidade brasileira na fala comum que uniu grande parte do que é hoje o Brasil, descendentes de portugueses e nativos.

Até sua proibição no século XVIII, a língua geral foi a nossa língua cotidiana e a língua popular da fé, de que permanece forte sobrevivência no acento brasileiro da língua portuguesa.

Beatíssimo Padre, confiados em vossa sensibilidade para com o todo o Povo de Deus, especialmente aquela porção mais pobre e mais desvalida, vimos suplicar-lhe a canonização do Bem-aventurado Padre José de Anchieta.

Já o Bem-aventurado Papa João Paulo II, de feliz memória, dignou-se em beatificar o nosso Padre Anchieta no ano de 1980. Desde então não cessou a ânsia e nem diminuiu o desejo por parte de milhões de brasileiros em ver aquele que, desde os tempos coloniais, fora pelo povo reconhecido como santo, tanto pelo exemplo de vida, como pelo inquebrantável espírito de evangelização.

Apoiados em vossas manifestações favoráveis para a canonização de membros da Igreja que fomentam a piedade do Povo de Deus, ousamos levar ao conhecimento de Vossa Beatitude este pedido por meio da própria *Societas Jesu* no Brasil, a quem desde já agradecemos cordialmente.

Ao manifestarmos todo nosso apreço e fidelidade à Vossa Santidade, invocamos vossa confortadora bênção apostólica.

[Em ordem alfabética, assinaram esta carta:]

Prof. Dr. Alfredo Bosi – Prof. Titular da USP e membro da Academia Brasileira de Letras;
Profa. Dra. Anna Maria Marques Cintra – Reitora da Pontifícia Universidade Católica de São Paulo;
Dr. Antônio Penteado Mendonça – Jurista e Presidente da Academia Paulista de Letras;
Prof. Dr. Benedito Lima de Toledo – Arquiteto – Prof. Titular FAU-USP e membro da Academia Paulista de Letras;
Dr. Cláudio Lembo – Ex-Governador do Estado de São Paulo;
Sr. Décio Frade – Diretor da *Aviation Service;*
Prof. Dr. Domingos Zamagna – Biblista e Prof. da Faculdade do Mosteiro de São Bento (SP) – SP;
Prof. Ms. Gabriel Frade – Liturgista e Prof. da Faculdade do Mosteiro de São Bento (SP);
Sr. Guilherme Afif Domingos – Ministro de Estado;
Prof. Dr. Ives Gandra Martins – Jurista, Prof. Emérito Faculdade de Direito da Universidade Mackenzie e membro da Academia Paulista de Letras;

Dr. José Renato Nalini – Desembargador do Tribunal de Justiça do Estado de São Paulo e membro da Academia Paulista de Letras;

Prof. Dr. José de Souza Martins – Sociólogo e Prof. Emérito da FFLCH – USP;

Sr. José Maria dos Santos – Jornalista;

Sr. José Maria Mayrink – Jornalista;

Prof. Dr. Lafayette Pozzoli – Faculdade de Direito da PUC-SP;

Dr. Luiz Gonzaga Bertelli – Presidente do CIEE – Centro de Integração Empresa Escola;

Coronel Luiz Eduardo Pesce de Arruda – Polícia Militar do Estado de São Paulo;

Profa. Dra. Maria Helena Ochi Flexor – Profa. Emérita de História da Arte e Profa. Adjunta Universidade Católica de Salvador;

Profa. Dra. Maria Luzia Marcílio – Presidente do Instituto Jacques Maritain do Brasil;

Prof. Dr. Mário Henrique D'Agostino – Prof. Livre Docente FAU-USP;

Sr. Paulo Bonfim – Poeta e membro da Academia Paulista de Letras;

Prof. Dr. Percival Tirapeli – Prof. Titular de Arte da UNESP (SP);

Dr. Rogério Amato – Presidente da Associação Comercial de São Paulo;

Dr. Rubens Ricupero – Diplomata e Ex-Embaixador do Brasil na Itália;
Dr. Tharcillo Toledo Neto – Procurador de Justiça do Ministério Público do Estado de São Paulo;
Dr. Walter Fanganiello Maierovitch – Jurista.

5

Carta da Comissão Diocesana dos Bens Culturais da Diocese de Mogi das Cruzes

Mogi das Cruzes, 15 de julho de 2024

A Comissão Diocesana dos Bens Culturais da Igreja se alegra com a realização dos sonhos concretizados da igreja Nossa Senhora d'Ajuda, no município de Itaquaquecetuba.

Desde o primeiro momento, isto é, o primeiro pensar em um projeto de restauro da Igreja com o nosso saudoso Revdo. Pe. Giovanni Cosimati, as pesquisas realizadas no arquivo Diocesano "Dom Paulo Rolim Loureiro" pelo Professor Gabriel Frade, as primeiras reuniões na casa paroquial em 2009, todo o empenho para entrar com o projeto no CONDEPHAAT, o órgão público da esfera estadual voltado à conservação do patrimônio, com o objetivo do tombamento da igreja Nossa Senhora d'Ajuda, que já tinha sofrido muita descaracterização, enfim, após tantas iniciativas, hoje é possível admirar todas as conquistas e por isso damos graça a Deus pelo afinco dos Párocos e pela grande demonstração de amor dos fiéis católicos da Paróquia Nossa Senhora d'Ajuda.

A Paróquia Nossa Senhora d'Ajuda percorreu um caminho que se tornou um ensinamento para todos. Com o primeiro passo dado pelo Prof. Gabriel Frade, que fez a abertura do "guichê" junto ao CONDEPHAAT, isto é, a primeira ação para o tombamento de um bem material, e com a constituição de uma equipe de restauro e o levantamento histórico dessa igreja, passo a passo foi se concretizando o reconhecimento de nosso Patrimônio Histórico.

Realizado pelas pessoas que amam Nossa Senhora e que encontram nela uma "grande catequista" que fornece a base para amar seu filho Jesus Cristo e a inspiração necessária para todas as nossas boas iniciativas, o restauro desse Patrimônio foi uma grande conquista: algo que aparentemente pareceria ser impossível foi realizado graças à união de todos.

Nesta trajetória, por meio das Coordenações da Comissão dos Bens Culturais da Igreja, os Revdos. Pe. Antonio Carlos Cuba Fernandes, Pe. Alberto Gomes da Silva e os membros desta delegação, vivenciando as conquistas, procurando, intercedendo e orientando na parte que concernia a esta Comissão, desejam, no marco da comemoração dos 400 anos, que possam se concretizar novas conquistas e novos desafios na conservação e na preservação desse Patrimônio Histórico e Religioso que tanto nos instrui a catequizar, a cada dia.

Ao Pároco, o Revdo. Pe. Luiz Renato de Paula, e a todos os católicos e munícipes, as nossas alegrias e orações por este momento grandioso de evangelização e missão!

Cícera Thadeu dos Santos
Membro da Comissão de Bens Culturais da Igreja e
Secretária da Chancelaria do Bispado

6

Lista de nomes conhecidos dos párocos e vigários que passaram pela Paróquia de Nossa Senhora d'Ajuda

Foram abertos livros, e ainda um outro livro que é o livro da vida. Alegrai-vos, pois vossos nomes estão escritos no céu.
(cf. Ap 20,12; Lc 10,20)

1560	José de Anchieta
1624	João Álvares
1711?	Belchior de Pontes
1759	José Martins
1810-1813	Eusébio Joaquim Mendes
1813-1817	Marianno Franco de Camargo
1817-1829	José Lopes Guimarães
1829-1831	Josaphat Frois Dias
1831	Marciano Joaquim de Almeida Luz
1831-1840	Hygino Francisco Teixeira
1840-1859	Joaquim a S. Clara
1859-1861	João Cardoso de Menezes e Souza
1861	Lourenço Antônio da Silva
1861-1862	Luiz Colangelo
1863	Luiz Antonio da Virgem Maria
1863	José da Terra Pinheiro
1863	Manoel Constantino de Camargo

1863 Luiz Colangelo
1863 Clemente de Genova
1863-1864 Manoel Constantino de Camargo
1864 Luiz Colangelo
1864 João Baptista Monja
1864 Manoel Constantino de Camargo
1865 José Custódio de Siqueira Bueno
1866 Luiz Colangelo
1866-1876 Vicente Ferreira Alves do Rosário
1876 Miguel Puglieres
1876-1877 Francisco de Paula Souza Martins
1877-1878 Bonifácio de Alexandre
1879-1880 Francisco Cândido Correa
1880-1881 Antônio de Sant'Anna Ribas Sandim
1881-1882 Francisco Pittacora
1887-1888 Miguel Eboli
1888 Frediano Dini
1888-1889 Moysés Valentini
1889-1890 João Lourenço de Siqueira
1890 Agnello José de Moraes
1890 Miguel Eboli
1890 João Baptista Teixeira Monteiro
1891 João Lourenço de Siqueira
1892? Antônio da Virgem Maria Baretto
1893? Nunes de Faria
1891-1894 Eugenio Martins
1894-1898 Miguel Eboli

1898-1899 José Maria Brandi
1899-1900 Paulo Mostalli
1900-1901 Francisco Batholomé
1901-1904 Manoel Garcia
1904-1907 Faustini Gottardini
1907-1908 Lourenço Hibbanier
1908-1909 Martinho Forner
1909-1912 Affonso Zartmann
       1912 Celestino Gomes de Figueiredo
1912-1914 Pedro Carneiro
1914-1915 Anthero de Canova
1915-1916 Celestino Gomes de Figueiredo
1916-1918 Antão Jorge
1919-1921 José Sebastião
1921-1924 Estevam Maria
       1924 Antão Jorge
1925-1926 Martinho Forner
1927-1930 João Baptista
1930-1932 Estevam Maria
1933-1934 Otto Maria Roehms
1935-1940 Eustáquio van Lieshout
       1940 Cecilio Smulders
       1940 Tadeu Strunk
       1941 Oscar Schoager
1941-1958 Thomaz Frey
1958-1960 Oscar Schoager
1963-1969 Gabriel Hiram Lopes de Oliveira

1969-1974 Vittorio Valentini
1969-1974 Tarcísio Miotto
1974-1976 Estanislaw Goncerzewicz
1977-2014 Giovanni Cosimati

De 1977 a 2014:
    Ascenzo (Enzo) Venditti
    Geraldo Stocco
    Giuseppe (Pino) Silvestre
    Dimas de Paula Inácio
    Gerasimo Ciaccia
    Sandro Evangelista Pereira
    Geraldo Magela Lázaro
    Cláudio Antonio Delfino

De 2014 a 2024:
    Jardel da Silva Cerqueira
    Paulo dos Santos Frade
    Luiz Renato de Paula

7

Carta de despedida ao amigo Giovanni: "I-Juca Pirama" ou "aquele que deve morrer"[1]

A literatura nacional nos oferece um texto de autoria do poeta maranhense Gonçalves Dias (1823-1864) intitulado "I-Juca Pirama", ou, traduzido do tupi para o nosso português, "Aquele que deve morrer".

Esse poema de dez cantos, tal qual uma espécie de narrativa bíblica de Abraão e Isaac das selvas brasileiras, relata a história de um pai e de um jovem guerreiro que deve ser sacrificado pela tribo rival em um ritual antropofágico.

Entretanto, no momento de seu sacrifício, o jovem se acovarda e pede clemência, pois é o último guerreiro de sua tribo. Os outros guerreiros inimigos, tomados por piedade, decidem então libertá-lo.

O velho pai, ao ver o filho retornar para casa, percebe que ele havia se acovardado. Ele, tomado pela vergonha, já que pertenciam a uma corajosa tribo de Tupis, vai até a tribo inimiga para tomar o lugar de seu filho no sacrifício, pois não podia suportar a mancha da covardia de seu rebento.

---

1. Discurso pronunciado por ocasião da missa exequial presidida por Dom Pedro Luiz Stringhini na igreja dos Santos Apóstolos, Itaquaquecetuba, 21 jun. 2024.

O filho, por sua vez, agora movido pelo gesto heroico do pai, acaba encontrando dentro de si as forças e a coragem necessárias: volta correndo para combater sozinho contra toda a tribo inimiga para que assim, diante da demonstração de sua coragem, ele pudesse se oferecer em um sacrifício válido. Esse gesto arrancou as lágrimas de seu velho pai que, na coragem recobrada do jovem guerreiro, reconheceu o filho verdadeiro.

Essa história de valentia foi tão impressionante que a tribo guerreira narrou esse feito por gerações. Os velhos guerreiros, testemunhas do ocorrido, reunidos à noite em torno de uma fogueira muito tempo depois, ainda narravam aos pequenos curumins aquilo que haviam visto naquele dia. E começavam a história com estas palavras: "Meninos, eu vi!".

Caro padre Giovanni, meu amigo querido: eu também vi e quero dar testemunho disso aos irmãos e irmãs.

Quero narrar algum exemplo e testemunho de uma vida corajosa que deixaste para esta nossa terra de Itaquaquecetuba.

Conheço-te desde a tua chegada na cidade, no ano de 1977. Sabes, no entanto, que uma amizade verdadeira e própria entre nós surgiu apenas por volta da década de 1990. De lá para cá tive o privilégio de ouvir-te e ver-te com alguma frequência.

Meu caro amigo: devo dizer que nos últimos anos de tua vida, eu realmente vi.

Vi como aquelas palavras que sempre pregaste e celebraste iam se tornando tua própria vida, sem que o percebesses.

As palavras da Sagrada Escritura iam, pouco a pouco, sendo reescritas na tua carne (cf. Jr 31,33): como não ver, como naquele jardim (Mt 26,39-40), durante a noite escura, que a solidão desoladora e insone do Senhor Jesus foi tua também. Quantas vezes, na solidão da noite, me dizias que ficavas sem dormir – porque tinhas insônia – e rezavas, rezavas... rezavas por tantas intenções, mas também na esperança de que de manhã cedo pudesses dormir um pouquinho.

Eu vi o Cristo Senhor, despojado de suas vestes (Lc 23,34) e vi que eras tu também. Eu vi, meu amigo, a dor que sentias diante de cada "peça de roupa" que ia sendo arrancada de teu corpo: a tua terra e tua família deixadas para trás, a morte de teus amigos queridos, que um a um foram te deixando ao longo dos anos, e foste ficando cada vez mais desnudado, solitário... Aqueles teus planos arquitetados para viver uma velhice tranquila... tudo arrancado e retirado de ti; e, mesmo assim, sempre pedias ao Senhor: "Quero ser santo!".

E o Senhor te ouvia e te preparava...

Diz o evangelho (Jo 19,24) que apenas a túnica do Senhor não foi repartida. Para os antigos isso era a imagem da futura Igreja indivisa. Sabes bem, meu amigo, que a Igreja dos pequeninos, do povo simples, por quem deste a vida, essa não foi afastada de ti, mas sempre te foi próxima.

Tu te lembras – deixa-me dizê-lo – de quantas vezes, diante de tuas confidências, de teus sofrimentos e incertezas eu, parafraseando o evangelho, te dizia: "Giovannino, quando eras jovem costumavas ir para onde querias; agora que és velho, outros te levarão para onde tu não queres" (cf. Jo 21,18). E dizias sempre naquele teu jeitão italiano: "É isso mesmo, é verdade!".

Meu velho amigo, permite-me dizer ainda: eu vi igualmente o Senhor na cruz recitando aquelas palavras fortes, "Pai, perdoai-os" (cf. Lc 23,34); mas, na verdade, eras tu novamente, ou melhor, era o Senhor que falava por meio de ti, quando, em confissão, envergonhado pelos meus pecados, eu ouvia de ti as palavras de perdão ao final do rito sacramental. Mas havia mais: nas tuas confidências a mim, dizias que pedias perdão aos amigos que não te compreendiam; e eu mais uma vez vi, era na verdade o próprio Senhor, meu caro amigo, era ele quem te inspirava essas atitudes.

Aliás, cheguei a ver-te recitar junto com o Senhor na cruz aquele salmo de início amargo como o fel: "Meu Deus, meu Deus, porque me abandonaste..." ([Sl 21(22)]; Mt 27,46), quando te sentias sozinho e abandonado. Assim como o apóstolo (cf. 2Tm 4,16), chegaste tu também a dizer alguma vez: "Não ficou um só comigo...". Mas era Deus quem te preparava para a santidade: fazia-te aprender por meio do padecimento dos sofrimentos da velhice, da incompreensão, da solidão (cf. Hb 5,8-10).

Entretanto, é igualmente verdade que eu vi a realização desse mesmo salmo, quando, em seu final, após ter gritado por Deus, o salmista eleva um louvor à majestade de Deus, dizendo: "Sim, na grande assembleia eu louvo a Deus!" (v. 25). Fizeste tuas essas palavras, quando publicaste teu livro *Pétalas de Rosa* e manifestaste uma alegria imensa em vê-lo pronto. Mas, humilde, sempre me perguntavas: "Será que fiz bem em escrever isso? Será que vai ajudar as pessoas?". Esse "louvor a Deus na grande assembleia", meu caro Giovanni, eu também o vi realizado quando dizias mais vezes em algum momento: "a maior graça que Deus queira me dar, é morrer celebrando a eucaristia".

Por fim, vi ainda a alegria da ressurreição do Senhor, presentificada na tua própria alegria humana, quando dizias teres te reconciliado com alguém, ou quando ias para algum passeio, ou mesmo quando recebias as visitas de teus amigos.

Meu querido amigo, eu via todas essas coisas. Mas tu não as vias.

Acho que foi um dom que Deus te deu, para manter-te na humildade. Deve ter sido o teu pedido de "ser santo". Um pedido antigo, que fazias "desde o tempo do seminário" e até mesmo por escrito, naquelas linhas guardadas nos cadernos dos tempos de antanho, de quando eras ainda seminarista.

É verdade, não deixaste de ser teimoso, reclamão, às vezes até inconveniente, mas afinal, quem disse que ser santo é ser 100% impecável?

A verdade, meu caro Giovannino, é que Deus foi fazendo coisas grandes contigo (cf. Sl 126(125); Lc 1,49). Muito maiores do que as capelas que construíste, muito maior até mesmo do que a igreja dos Santos Apóstolos, a última construção física que fizeste...

Também é verdade que, e deixa-me dizê-lo, não tinhas o dom da palavra: as pessoas não entendiam aquilo que falavas. Lembras quando eu te dizia, em tom de brincadeira: "Se hoje posso dizer que acredito em milagres é também graças a ti". E, para te deixar bravo, eu acrescentava em seguida que "era um verdadeiro milagre eucarístico se as pessoas vinham às missas presididas por ti, ano após ano, apesar da tua fala enrolada".

Certamente te lembrarás dessa minha petulância: eu te dizia essas coisas e, com razão, não as aceitavas. Dizias que as pessoas te entendiam "sim, senhor" e que falavas muito bem o português. Terminavas sempre nossa discussão colocando um ponto final nas minhas críticas com o teu famoso: "Vai tomar banho, vai!".

E mesmo assim sempre fomos bons amigos.

Embora desde sempre eu o soubesse, hoje eu quero te dizer meu amigo, tinhas toda a razão: Deus te deu outra palavra, muito mais eficaz! Era a tua vida cotidiana dedicada à oração, à celebração dos sacramentos, ao atendimento das pessoas, sem alarde, sem grandes feitos, era isso que falava ao coração das pessoas, a simplicidade do teu viver que tinha toda uma eloquência; sinceramente, não sei se um dia eu poderei chegar a ter algo parecido...

Se não fosse assim, como explicar as tantas vocações surgidas na tua paróquia? Como explicar as inúmeras doações que te permitiram construir tantas igrejas ao longo destes anos? Como explicar essa multidão de pessoas agradecidas a ti?

Nisso tinhas toda a razão: as pessoas te entendiam muito bem. Não as tuas palavras, mas, dentro daquele verdadeiro e próprio *sensus fidelium*, entendiam teus gestos, teu testemunho, farejavam o cheiro que exalava de ti e o identificavam como um cheiro de ovelha.

Meu amigo querido, já não terei mais meu telefone tocando nas horas menos propícias, contigo do outro lado querendo saber como eu estava ou o que eu estava fazendo... e eu, bravo, dizia que estava no meio de uma reunião, ou dormindo, porque era cedo demais e havias acabado de me acordar... muitas vezes te respondi com displicência... Perdoa-me.

Já não terei mais a ti, que pedias vez ou outra para te buscar, a fim de te levar naquele determinado lugar para comermos aquela pizza, no teu dizer, "bem palmitada"...

Sei, no entanto, que tudo isso é acessório. Sei que o essencial é que nossa amizade continuará, agora transfigurada junto do Senhor.

Nenhuma morte é em vão (Sl 116,15). E a tua, Giovanni, também não o é.

O próprio Senhor nos disse que é preciso que o grão de trigo morra para produzir fruto (cf. Jo 12,24). Os teus frutos já os vemos agora: tantas igrejas construídas, tantas pessoas confortadas em torno daquela mesa eucarística e dos sacramentos, que tantas vezes celebraste com o teu povo fiel.

Agora, meu bom amigo, visto que atravessaste o limiar, o grande véu do Santo dos Santos aberto pelo Senhor Jesus, temos a convicção de que os frutos que produzirás serão ainda maiores, pois tua memória não haverá de morrer.

Caro padre Giovanni, lembra-te de todos nós e na comunhão dos santos intercede por todos nós para que, tendo os olhos fixos em Jesus, possamos todos nos encontrarmos um dia no céu e nos sentarmos na mesma mesa diante da Trindade Santa, ao lado de Maria Santíssima, aquela a quem serviste por tantos anos em Itaquaquecetuba sob a invocação de Nossa Senhora d'Ajuda.

Despeço-me momentaneamente de ti, na esperança de rever-te – bem como a todos os demais que já nos precederam na glória.

Para este meu "até logo" tão sentido, transcrevo por fim um trecho de um poema do grande poeta mineiro Fernando Brant; esse texto tornou-se a belíssima canção "Sentinela" cantada por Milton Nascimento e que, penso, é muito significativa para este momento:

Tantum ergo sacramentum
Veneremur cernui
Et antiquum documentum
Novo cedat ritui
Praestet fides supplementum
Sensuum defectui

[Ó Sacramento tão sublime
Prostrados adoremos,
E a antiga lei
Ceda lugar ao novo rito
A fé venha suprir
Os sentidos deficientes]

Meu Senhor, eu não sou digno / De que visites a minha pobre morada / Porém se tu o desejas [e] queres me visitar / Dou-te meu coração / Dou-te meu coração
Longe, longe, ouço essa voz / Que o tempo não vai levar...
Morte, vela, sentinela sou / Do corpo desse meu irmão que já se vai / Revejo nessa hora tudo que ocorreu / Memória não morrerá
Longe, longe, ouço essa voz / Que o tempo não vai levar

Padre Giovanni Cosimati: sempre presente!

Do teu amigo, Gabriel Frade

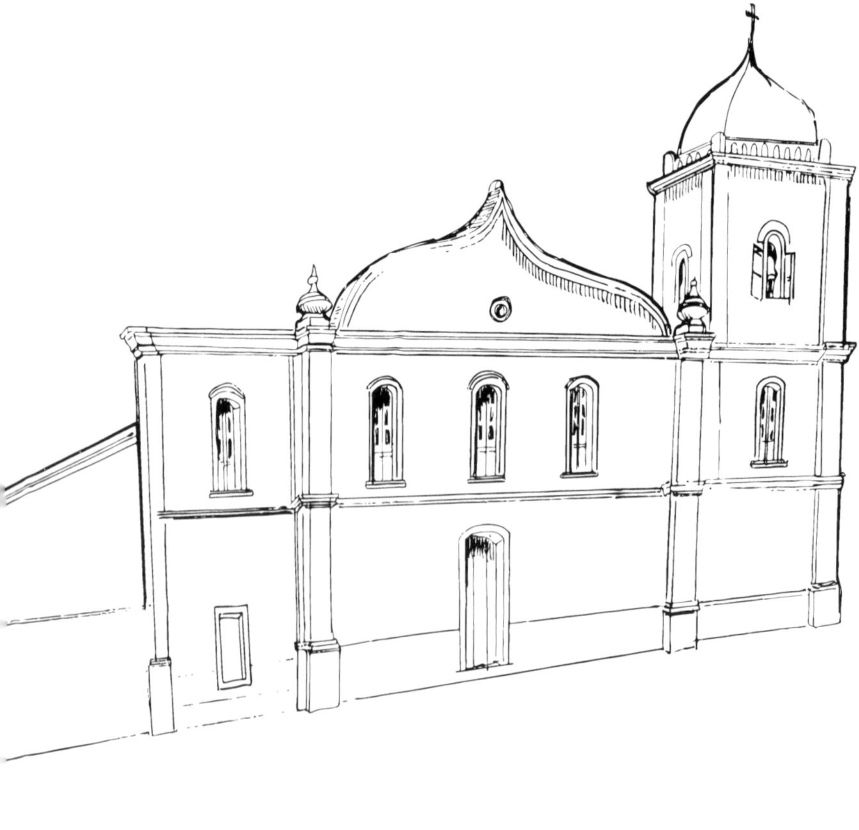

8

Giovanni é o seu nome...
(cf. Lc 1,63)[1]

Que poderei retribuir ao Senhor Deus
por tudo aquilo que Ele fez em meu favor?
Elevo o cálice da minha salvação,
invocando o nome santo do Senhor.
(Sl 115)

De muitos modos eu pensei em começar esta mensagem, mas resolvi começar com este salmo, pois ele traduz grande parte da vida de nosso amado padre Giovanni Cosimati. Sua vida sempre foi um hino de louvor a Deus e uma grande profecia.

Todos nós já ouvimos muitas vezes, nos aniversários e homenagens, que havia nascido no pequeno vilarejo de Cese (Itália), que veio para o Brasil em 1977 e que construiu várias igrejas. Entretanto, nem sempre soubemos dos pormenores que o acompanharam durante sua vida.

Batizado como Giovanni Andrea (João André), na pequena paróquia de Santa Maria, foi ali onde sentiu os primeiros convites de Deus.

---

1. Texto de Carla Caroline Nascimento Cavalcante, lido na ocasião da missa de sétimo dia do falecimento do padre Giovanni Cosimati, celebrada na igreja dos Santos Apóstolos em 25 jul. 2024.

Recebeu uma bela educação cristã. Todos os dias seu papai, o senhor Augusto Cosimati (ou "sr. Bigode", como eu carinhosamente o apelidei, por causa de seu grande bigode) reunia a família para a oração do terço. Ele contava também que, enquanto coroinha, todos os domingos ele ia ajudar na bênção do Santíssimo Sacramento. Ele e o outro amiguinho coroinha eram tão pequenos que tinham dificuldade para abotoar o véu umeral no padre, mesmo este estando ajoelhado. Diante da dificuldade, o padre fez um combinado: "vocês sobem nos meus calcanhares e o problema fica resolvido". Contava também que tinha medo de voltar para casa sozinho depois da catequese. Quando despontava na rua de casa, gritava: "mamãe, mamãe!" e prontamente ela aparecia na porta, para dar-lhe a segurança em seu retornar. Era o próprio "filhinho da mamãe", eu dizia, e ele brigava comigo por isso.

Foi na época do seminário que ele criou o costume de escrever. Sempre conversando com seu Amado Jesus, contava como havia sido o dia, escrevia sobre seus anseios, suas falhas, seus medos, e pedia para alcançar a santidade. Nos últimos anos de sua vida, sempre me dizia: "Carla, eu sempre digo para Jesus, 'se você pensa que eu comecei a te pedir para ser santo agora, que estou velho e no fim da vida, o senhor está muito enganado. E se não acredita em mim, pode ir olhar os meus cadernos'", aí se emocionava. E eu sempre respondia: "Jesus nunca vai entender essa letra feia que você tem". E ele voltava a rir novamente.

Deus já havia inscrito em seu coração o desejo da missão. Em sua primeira missa, Mons. Pietro Mattioli enfatizara o versículo "Avance para águas mais profundas". Ele não sabia, mas essa já era uma profecia do que seria sua vida anos depois. Ao conhecer Matilde Anzini, uma missionária leiga que trabalhou no Brasil, encantou-se pela vida doada na missão e, depois da partida trágica de sua mãe, decidiu que queria ser missionário. Ele descrevia esse período de sua vida da seguinte maneira: "Fui até o bispo dizer que queria ser missionário. Diante de suas negativas, um dia lhe disse: 'Eu quero ser missionário e, se o senhor não deixar, vou para um convento e virarei frade'. Algum tempo depois, um amigo me ligou e disse: 'Amanhã teremos a reunião dos presbíteros e o primeiro ponto da pauta é a sua partida como missionário'. Ao ouvir aquilo, dei um pulo! Aquele dia o mundo caiu em cima de mim e eu não sabia o que estava sentindo. Antes era um sonho, agora era uma realidade. Vou partir".

Após um período de preparação, ele dizia: "beijei o meu pai, que estava numa cama já doente, me despedi de meus irmãos e parti. Não participei do velório de meu pai e de nenhum dos meus irmãos. Aqui recebi outra família, aqui quero repousar".

Tudo o que aconteceu depois disso nós já sabemos. Desses 47 anos de história, cada um de nós podemos lembrar de ao menos alguma particularidade. Gostaria de apontar agora para outra direção. Não quero falar mais de sua biografia, quero falar de coisas simples que tornaram padre Giovanni quem ele realmente era. Queria falar do "cem vezes mais".

Convido vocês a refletirem: o que faz uma pessoa, no auge de suas seguranças, partir para o desconhecido? Ter tudo e a possibilidade de alcançar ainda mais, e mesmo assim dar atenção a uma voz que diz: "avance para águas mais profundas"?

Padre Giovanni era um homem comum, cheio de defeitos, erros e arrependimentos, mas que se diferenciava pela coragem. Coragem de construir grandes templos, coragem de denunciar quando preciso, coragem de pedir perdão. Quando todos diziam ser impossível, ele ia para cima, mesmo com medo. Não se vangloriava das igrejas que construiu, mas ficava todo convencido quando elogiávamos as suas obras ou sua voz forte (e também quando cortava o cabelo!).

Ele tinha um jeito estranho de amar e que nem sempre fomos capazes de compreender. Era comum para alguns receber uma ligação nos momentos mais inoportunos. Às vezes ele tinha manifestações de gritos, de drama – como era dramático – e tinha certa mania de querer controlar tudo. Também tinha um jeito diferente de pedir desculpas, seja te dando a metade de uma fruta, seja aparecendo sem avisar em casa com um vinho, ou ainda quebrando o gelo com uma piada meio sem graça...

Ele prezava muito os amigos e jamais se esquecia deles. Sempre arranjava oportunidade de louvar as virtudes desses amigos, que para sociedade eram pessoas comuns, mas para ele eram gigantes. Enxergava grandeza nas pessoas. Acreditava nas pessoas e as tornava capazes. Quantos de nós ele incentivou a cantar ou tocar, a ler, a dar catequese, a fazer encontros... A confiança dele em nós fazia a gente confiar também.

Acreditava e incentivava todas as vocações. Os padres não eram mais importantes que as freiras, e os consagrados não eram mais importantes que os leigos. Todos tinham seu lugar nas paróquias do padre Giovanni. Todos os movimentos eram importantes, e ele agradecia por ter uma cidade tão plural com a Renovação Carismática Católica, com o Caminho Neocatecumenal, com a Legião de Maria, com o Apostolado da Oração... Ele dizia sempre que era padre para todos. E era mesmo.

Nos últimos anos de sua vida ele nutriu um carinho muito especial pelos jovens, colocando-se à disposição para ouvir suas confissões e dar-lhes um atendimento espiritual. Quantas amizades novas nasceram nesse período na paróquia Santos Apóstolos, não é mesmo? Tantas pessoas desacreditam da juventude, mas ele tinha um apreço especial por essa idade.

A pessoa que mais amou Itaquá nasceu muito longe daqui. Enquanto muitos de nós só enxergávamos pobreza, desigualdades e falta de beleza, ele encontrou aqui um tesouro de valor inestimável e, por mais amor que tivesse às suas origens, desejou até o fim ficar com a gente. "Amou-os até o fim" (Jo 13,1).

Caríssimos, confesso que os últimos dias foram os piores da minha vida. Ainda não me acostumei a não ouvir mais o telefone tocar, não ouvir mais o "Cara Carla", não ouvir mais as reclamações, os assobios, os pedidos, as mesmas histórias contadas cem vezes... A falta dele deixou um buraco enorme no meu coração. Eu sabia que chegaria o dia em que não precisaria mais brigar para que ele cortasse o cabelo, ou para trocar a camisa suja de molho de tomate, ou para obrigar a comer arroz e feijão, ou ainda, brigar porque ele ganhou de mim na *scopa*, um jogo de cartas famoso. Ele dizia: "você vai chorar muito quando eu partir". E ele tinha razão.

Conforta-me saber que ele encontrou aquilo que perseguiu durante toda a sua vida: a face de Deus. Conforta-me saber que ele realizou seu desejo de cantar para Nossa Senhora. Conforta-me saber que, tudo aquilo que ele ensinou está impregnado em cada um de nós... Conforta-me saber que Jesus Cristo se faz presente em nossa dor e nos promete um reencontro feliz no céu.

Nós que aqui ficamos vamos continuar a "pescar diferente", como diz o canto, seguindo o exemplo desse grande missionário. Desejo que a nossa comunidade seja cada vez mais viva, que o povo sinta que "o tempo chegou" e, que apesar das cruzes, "vivamos felizes". E por fim, como eu tenho o costume de dizer: "Bendita Itália, bendita encíclica *Fidei Donum* e bendito barco esquecido na praia..."

Padre Giovanni está vivo, em nós e lá no Paraíso.

9

Pedido de Aprovação para Título de Santuário Diocesano[1]

Ao Excelentíssimo e
Reverendíssimo
Dom Pedro Luiz Stringhini.
DD. Bispo da Diocese de Mogi das Cruzes

Assunto: Pedido de Aprovação do título de Santuário Diocesano para a Igreja Matriz da Paróquia Nossa Senhora d'Ajuda

> *Humildade! Sublimidade! Tenda de Cedar e santuário de Deus; habitação terrena e palácio celeste; casa de barro e corte real; corpo mortal e templo de luz; enfim, objeto de desprezo para os orgulhosos e esposa de Cristo! Ela é morena, mas bela, ó filhas de Jerusalém; ela que, empalidecida pela fadiga e sofrimento dum longo exílio, tem, no entanto, por ornamento a beleza celeste.*
>
> **São Bernardo de Claraval**
> In Canticum sermo 27, 7, 14: Opera, ed. J. Leclercq-C. H. Talbot-H. Rochais, V. I (Romae 1957), p. 191.

---

1. No dia 08 de setembro de 2024, dia da padroeira, em meio a grande alegria, Dom Pedro Luiz Stringhini fez o anúncio de aprovação do Santuário diocesano de Nossa Senhora d'Ajuda.

Care pater,

é com filial respeito e a devida obediência que venho solicitar à vossa Excelência Reverendíssima a aprovação do título de Santuário Diocesano à antiga Igreja Matriz de nossa Paróquia de Nossa Senhora d'Ajuda, situada no município de Itaquaquecetuba.

Desde a fundação do antigo aldeamento indígena por obra da Companhia de Jesus na pessoa de São José de Anchieta, no longínquo ano de 1560, a presença do cristianismo no alto da colina de Itaquaquecetuba, isto é, o lugar de "abundância das taquaras-faca", se fez sentir quase que ininterruptamente.

É verdade, no entanto, que em virtude de epidemias e das dificuldades de todo o tipo enfrentadas nos tempos heroicos da chegada do cristianismo nas terras paulistas, o aldeamento de Itaquaquecetuba veio a conhecer altos e baixos, de modo que no ano de 1624, o Padre João Álvares, membro do clero secular de São Paulo, aparece então como o proprietário destas terras originalmente pertencentes aos jesuítas. Nesse mesmo ano sabemos que ele mandou edificar uma capela dedicada ao orago de Nossa Senhora d'Ajuda, devoção igualmente cara aos jesuítas visto que, quando de sua chegada na Bahia, haviam logo construído um santuário dedicado a esse mesmo orago.

A igreja dedicada à Senhora d'Ajuda foi posteriormente doada aos jesuítas pelo próprio Padre João Álvares, que lhe trazia muita devoção. Segundo consta, a doação *post mortem* se deu "a título de reparação".

Os jesuítas aqui então permaneceram até a data de sua expulsão, em 1759. Nesse período da presença dessa Ordem fundada por Santo Inácio de Loyola, nossa igreja pôde contar com os préstimos do venerável taumaturgo e padre jesuíta Belchior de Pontes que, segundo as crônicas da Companhia, reformou a igreja dedicada à Senhora d'Ajuda levando aqui uma vida devota e realizando, mediante sua intercessão junto a Deus, alguns milagres na população indígena.

Durante o período de aldeamento, a Senhora d'Ajuda olhou e cuidou das mais variadas etnias indígenas que por aqui passaram, vindas na maior parte das vezes aprisionadas – triste página da história – pelos descimentos que os paulistas faziam aos sertões do Brasil imenso.

De algum modo, esse fato marcou particularmente a vocação de nossa cidade que, mesmo após tantos séculos transcorridos, continua a ter atualmente uma população "flutuante" de pessoas das mais variadas origens que vêm tentar a vida na capital do Estado de São Paulo e que, encontrando aqui acolhida e morada, continuam vindo suplicar os cuidados da Senhora d'Ajuda.

Após a presença dos padres da Companhia de Jesus, houve uma sucessão de vários outros membros do clero, tanto regular quanto religioso, que nunca deixaram de oficiar juntamente com o povo santo de Deus a sagrada liturgia na igreja de taipa dedicada à Senhora.

De fato, em um verdadeiro e próprio *consensus fidelium*, esse mesmo povo sempre venerou ininterruptamente sua Senhora, identificando neste lugar uma "antena permanente da Boa Notícia, ligada aos eventos decisivos da evangelização" (cf. Pontifício Conselho da Pastoral para os Migrantes e os Itinerantes. *O Santuário. Memória, presença e profecia do Deus vivente*, Introdução).

Como afirmado sabiamente por São João Paulo II, "os santuários são como pedras miliares que orientam o caminho dos filhos de Deus sobre a terra" (*Homilia aos fiéis de Corrientes,* Argentina, 09/04/1987). Nesse sentido, não podemos deixar de mencionar que desde os tempos coloniais Itaquaquecetuba era meta de paragem daqueles que, saindo de São Paulo pelo caminho líquido do Rio Tietê, se detinham para descansar primeiro no que hoje é o Santuário da Penha, em seguida em São Miguel Paulista e finalmente em Itaquaquecetuba (cf. ANTONIL, André João. *Cultura e Opulência do Brasil por suas drogas e minas*, 1711). Nesse sentido, é notável a notícia de que em 1717, seguindo esse trajeto costumeiro dos paulistas, D. Pedro de Almeida, o primeiro Conde de Assumar, tenha parado em Itaquaquecetuba, subido a colina e ido rezar na Capela da Senhora d'Ajuda. Em seguida, continuando sua viagem, ele foi ter à Vila de Santo Antônio de Guaratinguetá, lugar em que ocorreu o milagre do surgimento da imagem de Nossa Senhora da Conceição de Aparecida, Padroeira do Brasil.

Curiosamente vemos com muita alegria que em nossos dias há um verdadeiro e próprio ressurgimento desse mesmo caminho, trilhado agora pelos numerosos grupos de peregrinos que, todos os anos no mês de outubro, passam pelo nosso município tendo como meta a Senhora de Aparecida. Cremos firmemente que se Vossa Excelência Reverendíssima se dignar em aprovar o título de Santuário à Igreja de Nossa Senhora d'Ajuda, veremos muitos desses peregrinos refazerem o mesmo caminho que levou à descoberta da Senhora de Aparecida entrando, como fez o Conde de Assumar, em nossa igreja e invocando a bênção da Senhora d'Ajuda para que os acompanhe e ajude ao longo de todo o trajeto, pois naturalmente eles hão de intuir que "os santuários marianos oferecem uma autêntica escola de fé a exemplo e intercessão materna de Maria" (*O Santuário..., idem*).

Por outro lado, cabe-nos reconhecer que, de fato, é Deus mesmo quem escolhe um lugar para seu Santuário (cf. Ex 25,8), deixando nele uma marca especial de sua presença que evoca de modo peculiar a necessidade que todo ser humano tem do divino. Diante de toda a bela história da presença do cristianismo em Itaquaquecetuba, parece-nos que Deus escolheu particularmente o alto da colina de nossa cidade para fazer brotar, mediante a intercessão da Mãe de seu Filho, as torrentes da sua graça e de seu amor misericordioso, fazendo dessa nossa igreja um verdadeiro e próprio lugar "de conversão, de penitência e de reconciliação" (São João Paulo II, *Sobre os santuários em sua visita pastoral ao México,* 1979) mediante a frequente celebração dos sacramentos, especialmente os da Reconciliação e da Eucaristia.

Portanto, considerando a prática de piedade ininterrupta do povo santo de Deus sobre essa antiga colina – piedade que nos permite celebrar neste ano o jubileu de 400 anos da existência da igreja matriz dedicada à Senhora d'Ajuda; considerando a presença da preciosa relíquia de São José de Anchieta, o fundador da cidade, doada ao sr. Gabriel Frade e família pelo Páteo do Collegio, que, por sua vez, graciosamente a doaram à nossa Paróquia por ocasião das comemorações do ano jubilar; considerando o aspecto ligado à presença anual de peregrinos – a *ratio peculiaris* de todo santuário – que passam por nossa cidade com destino ao Santuário Nacional de Aparecida, e considerando por fim o desejo ardente do povo itaquaquecetubense, cremos reunir as condições para a formulação deste humilde pedido de aprovação do título de Santuário.

De fato, já a então Congregação para os Estudos (o atual Dicastério para a Cultura e a Educação) havia estabelecido em 08 de fevereiro de 1956 as notas fundamentais que caracterizavam um santuário:

> *Sanctuarii nomine intelligitur ecclesia, seu aede sacra, divino cultui publice exercenda dicata, quae ob peculiarem pietatis causam (ex.gr. ob immaginem sacram ibi veneratam, ob reliquiam ibi conditam, ob miraculum quod Deus ibi operatus est, ob peculiarem indulgentiam ibi lucrandam), a fidelibus constituitur meta peregrinationum ad gratias impetrandas vel vota solvenda* (cf. X. Ochoa, Leges Ecclesiae, II, n. 2558).

Efetivamente, essa mesma legislação foi retomada pelo atual Código de Direito Canônico que, dentre outras coisas, estabelece: "Poderão ser concedidos alguns privilégios aos santuários" (Cân. 1233).

Finalmente, diante de todo o exposto, e nos apoiando no mesmo desejo que nutria Padre Giovanni Cosimati, o antigo pároco de Nossa Senhora d'Ajuda, de saudosa memória, vimos pedir humildemente e em filial obediência, que Vossa Excelência Reverendíssima se digne em aprovar o título de Santuário Mariano Diocesano à Igreja de Nossa Senhora d'Ajuda e conceder todos os privilégios inerentes a esse título que considere adequados a esta verdadeira e própria *Domus Mariae*.

Na expectativa de que possa atender a este pedido, despeço-me invocando a vossa bênção paternal.

Itaquaquecetuba, 10 de agosto de 2024
Memória de São Lourenço Diácono e Mártir

Padre Luiz Renato de Paula
Pároco da Paróquia Nossa Senhora d'Ajuda

10

Restauro e Jubileu

Como agradecimento final e para a memória desse grande evento do Jubileu de 440 anos, é feita aqui uma justa menção às duas equipes que trabalharam com valentia, tanto pela restauração da igreja matriz, como pelas festividades do Jubileu da paróquia; trata-se da Equipe de restauração da antiga igreja Matriz e da Equipe de preparação das festividades do Jubileu. Ambas foram compostas por paroquianos que, dentro de suas possibilidades, procuraram oferecer todo o melhor para que Nossa Senhora d'Ajuda fosse mais bem venerada e conhecida. A todos eles, nosso agradecimento e reconhecimento.

Equipes[1]

Padre Luiz Renato de Paula, pároco
Padre Paulo dos Santos Frade, vigário

Equipe do restauro da igreja
Claudio José Braga
Denise Aparecida Alves
Dionísia Aparecida de Gouveia Braga
Flávia de Gouveia Tunioli

---

1. Equipes em ordem alfabética.

Leonilda do Prado do Amaral
Maria Auxiliadora de Souza
Nanci Santana Oliveira Benevides
Petrônio dos Santos Aguiar
Rosana Dias de Melo Aguiar
Valdecir Pereira Benevides
Zaqueu do Amaral

Equipe para as festividades do Jubileu
Amanda Nogueira
Daniele Avelino Machado
Denise Aparecida Alves
Edilene Silva Braga Frade
Edson Luiz Silva
Gabriel dos Santos Frade
Maria Aparecida Rocha Braga
Regina Cristina Silva Avelino dos Santos
Silkelen Martins Laranja
Talita Castilho Fernandes
Vitor Fernandes

11

Oração à Nossa Senhora d'Ajuda – Jubileu dos 400 anos

Nossa Senhora d'Ajuda, vós sois o caminho que leva a Cristo! Sois Mãe de Deus e nossa Mãe. Conheceis as dores e tribulações desta terra, o cansaço do trabalho diário, as dificuldades e os sofrimentos da pobreza e da fome, as dores do Calvários: olhai as necessidades de todos os vossos filhos e filhas que diante de vós suplicam a vossa ajuda e vosso alento de Mãe amorosa.

Nós vos agradecemos pelo privilégio de vossa generosa presença nesta cidade de Itaquaquecetuba. Desde o início de nossa história estais sempre conosco e por isso vos proclamamos bendita!

Escutai com bondade os apelos de paz, de justiça e as preces que aqui elevam a vós os vossos filhos e filhas, suplicantes por vossa ajuda maternal.

Abençoai todas as nossas famílias e ajudai-as a perseverar na oração e na acolhida do dom do Espírito Santo.

Intercedei para que haja em nosso meio santas vocações evangelizadoras que anunciem a todo o mundo a Palavra que acolhestes e guardastes em vosso coração.

Assim como o Pai olhou para vós, olhai também pelos nossos doentes e pobres, intercedei para que Deus, lembrado de sua santa misericórdia, possa elevá-los e fazer com que contemplem a sua divina face.

Iluminai os governantes de nossa cidade para que possam governar com justiça e equidade.

Fazei com que Deus, que domina as tempestades, acalme também as tempestades dos corações humanos em conflito, concedendo à nossa cidade a verdadeira paz, ancorada nos fundamentos firmes e duradouros da justiça e do amor.

Por fim, ó Mãe sempre solícita, intercedei junto ao vosso Filho por todos nós, pecadores, para que tenhamos a graça da conversão, do perdão e possamos alcançar a salvação eterna. Amém.

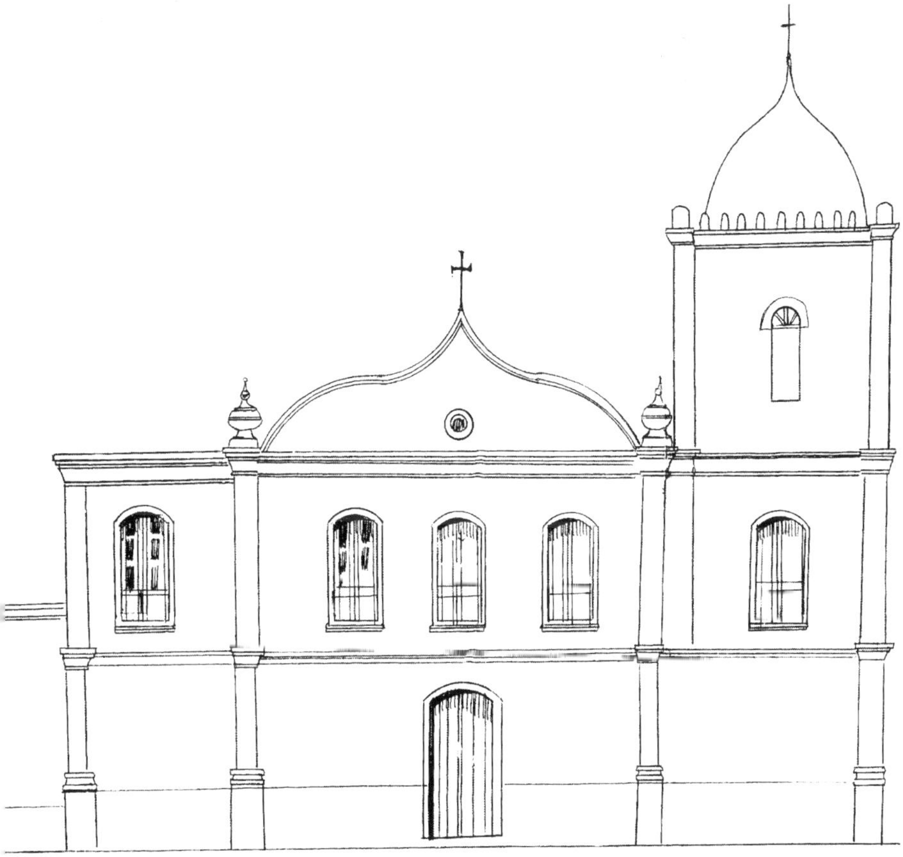

Edições Loyola

editoração impressão acabamento

Rua 1822 n° 341 – Ipiranga
04216-000 São Paulo, SP
T 55 11 3385 8500/8501, 2063 4275
www.loyola.com.br